PHÄNOMINT
WISSEN • FORSCHEN • STAUNEN

Carola von Kessel

Das SOUND-Labor

Geniale Experimente rund um Musik & Töne

mit Illustrationen von
Lucie Göpfert

moses.

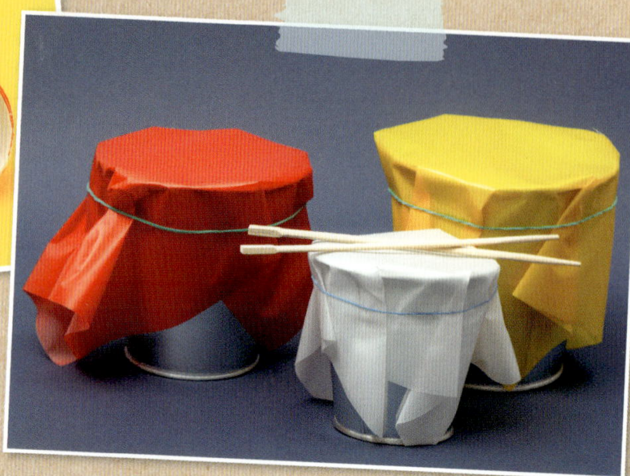

Impressum

moses. Verlag GmbH
Arnoldstraße 13d
47906 Kempen
Fon 02152 - 20 98 50
Fax 02152 - 20 98 60
Mail info@moses-verlag.de
www.moses-verlag.de

ISBN 978-3-96455-295-2

Text: Carola von Kessel
Illustrationen: Lucie Göpfert
Fotos der Experimente: Guido de Nardo, b-14 die Photo Lounge
Fachlektorat: Maik Morowski
Layout, Typographie und Satz: Melanie Dahmen, Grafik-Design & Art-Direction
Herstellung: Nicole Bienia
Redaktion: Geesche Oetken

Printed in Poland

Bildnachweis
Umschlag: @Adobe Stock: akeeris (Packpapier); ValentinValkov (HG o.l.); Who is Danny (HG r.); Romolo Tavani (HG u.l.).
Innen: @Adobe Stock: J BOY (S.33, HG o.); **@Shutterstock:** SpeedKingz (S.4 u.r.); BABAROGA (S.4 o.l.); Elymas (S. 31 HG o.); Autorenfotos (S.64): Matthias Ritzmann (Foto Lucie Göpfert); privat (Foto Carola von Kessel).

Klimaneutral Druckprodukt
ClimatePartner.com/14161-2001-1001

FSC
www.fsc.org
MIX
Papier | Fördert gute Waldnutzung
FSC® C018236

Das erwartet dich in diesem Buch:

Eine Welt voller Töne

Egal, wo wir sind und was wir tun – die Welt um uns herum ist voller Geräusche. In der Natur raschelt das Laub unter unseren Füßen, wir hören Insekten summen und Vögel zwitschern. In der Stadt umgibt uns das Brummen und Rauschen des Straßenverkehrs, oft übertönt von Hupen, Klingeln und Klappern. Und fast den ganzen Tag begleiten uns Stimmen – leise und laute, hohe und tiefe, sanfte und strenge. Sogar im Schlaf blenden wir die Geräusche um uns nicht ganz aus. Ein plötzlicher Knall lässt uns genauso aufwachen wie das Klingeln des Weckers.

Besonders faszinierend sind die Klänge und Rhythmen der Musik – egal, ob wir sie hören oder selbst musizieren. Schon vor Tausenden von Jahren haben unsere Vorfahren überall auf der Welt gesungen und musiziert. Heute stehen uns dafür die verschiedensten Instrumente zur Verfügung. Einige davon lernst du in diesem Buch kennen.

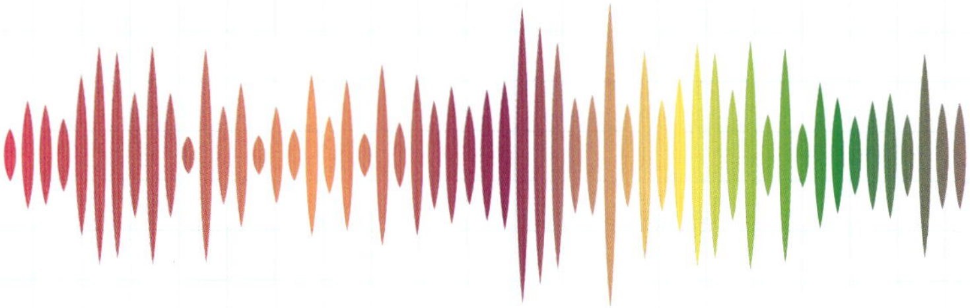

Spannende Experimente

Aber wie entstehen eigentlich all die verschiedenen Geräusche und Klänge, und wie nehmen wir sie wahr? Was beeinflusst die Höhe und Lautstärke von Tönen? Was passiert bei einem Knall, und wieso gibt es im Weltall keine Geräusche?

In diesem Buch findest du eine Fülle von Forschungsprojekten rund um Klänge und ums Hören. In spannenden Experimenten kannst du selbst erkunden, wie etwas klingt und weshalb das so ist. Schritt-für-Schritt-Anleitungen und anschauliche Bilder begleiten dich beim Bau deiner eigenen Instrumente, mit denen du Musik machen und gleichzeitig wissenschaftliche Zusammenhänge erforschen kannst. Aber auch tierische und menschliche Geräusche kommen nicht zu kurz. Lass selbst gestaltete Katzen schnurren, Hühner gackern und Luftballons kreischen. Bastle dein eigenes Pupskissen und finde heraus, wie all diese Töne zustande kommen. Also los, ab ins Soundlabor!

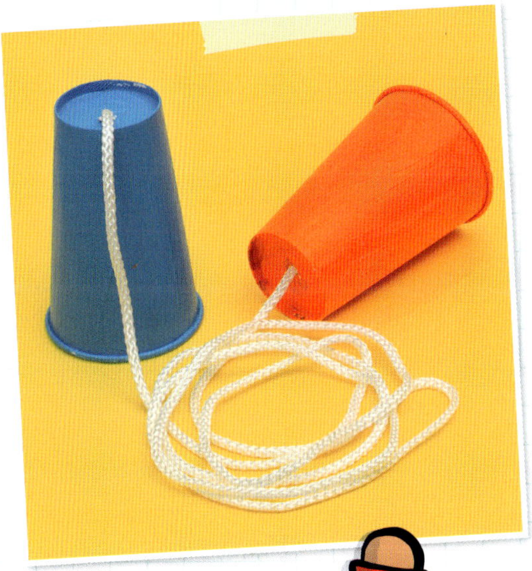

Was brauchst du?

Für die meisten Projekte in diesem Buch benötigst du nur Dinge, die ihr vermutlich ohnehin zu Hause habt. Stöbere ruhig mal im Keller oder verwende Dinge, die sonst im Müll landen würden. Manches findest du auch draußen in der Natur.

Wenn du ein Instrument oder Zubehör für ein Experiment nicht mehr brauchst, denk bitte daran, die einzelnen Materialien vor dem Wegwerfen voneinander zu trennen. Nur dann können sie gut recycelt werden.

Krachmacher-Tanz

Geräusche können wir nur hören, aber nicht sehen. Doch bei diesem Experiment kannst du dich mit eigenen Augen davon überzeugen, wodurch Geräusche entstehen und dass Schall nichts anderes als Bewegungsenergie ist.

Was du brauchst:

- kleine Schüssel
- Frischhaltefolie
- Gummiring
- Zucker
- Topfdeckel aus Metall
- Kochlöffel

Wie du es machst:

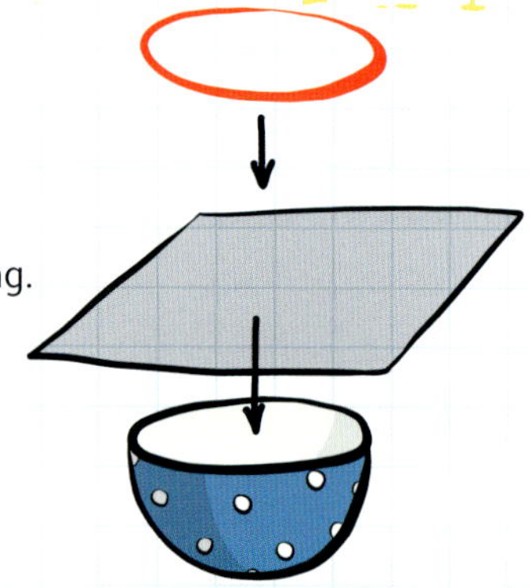

1. Spanne die Folie straff über die Schüsselöffnung und befestige sie, wenn nötig, rundherum mit dem Gummiring.

2. Streue etwas Zucker auf die Folie.

3. Nimm den Topfdeckel in eine Hand und den Kochlöffel in die andere.

4. Stelle dich neben die Schüssel mit dem Zucker und schlage mit dem Kochlöffel kräftig auf den Topfdeckel.

Was passiert?

Die Zuckerkörner tanzen auf der Folie.

Kurz erklärt!

Geräusche entstehen durch die Bewegung von winzigen Teilchen, die man **Moleküle** nennt. Wenn sie in Schwingung versetzt werden, stoßen sie ihre Nachbarteilchen an und bringen diese ebenfalls zum Schwingen. Weil die Moleküle diese Bewegung wie Wellen übertragen, bezeichnet man ihre Ausbreitung auch als **Schallwellen**. Sie können sich durch die Luft, durch Feststoffe und durch Flüssigkeiten bewegen. Bei diesem Experiment überträgt sich die Schwingung des Topfdeckels durch die Luft auf die Folie und versetzt diese in Bewegung. Dadurch hüpfen die Zuckerkörner auf der Folie. Damit Schall entstehen kann, ist immer Energie nötig. In diesem Fall bringst du den Topfdeckel zum Schwingen, indem du mit deiner Körperkraft dagegenschlägst.

Was du brauchst:

- Luftballon
- Holzstab, z. B. Essstäbchen

Vom Schall zum Hall

Was wir hören, hängt auch davon ab, wie weit wir von der Geräuschquelle entfernt sind und was dazwischenliegt. Ein einfacher Luftballon macht schon einen großen Unterschied. Probiere es aus!

Wie du es machst:

1. Puste den Ballon auf und knote ihn zu.

2. Halte den Ballon am gestreckten Arm von dir weg und klopfe mit dem Stäbchen darauf. Was hörst du?

3. Lege den Ballon nun direkt an dein Ohr und klopfe wieder dagegen. Wie klingt es jetzt?

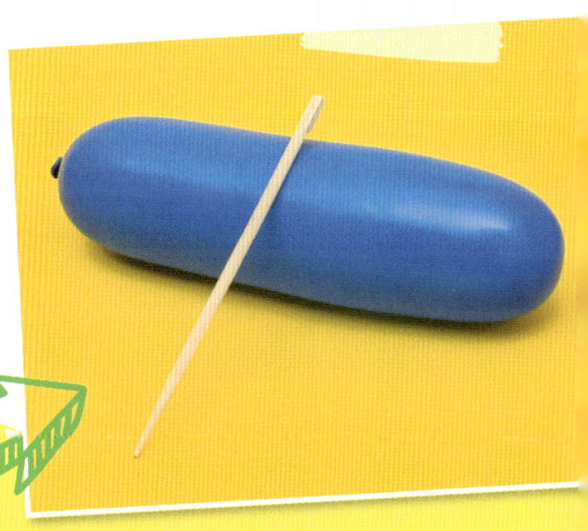

Was passiert?

Am ausgestreckten Arm klingt das Klopfen hell und kurz. Hältst du den Ballon dagegen dicht an dein Ohr, wirkt das Geräusch tiefer und hallt länger nach.

Kurz erklärt!

Bei gestrecktem Arm verbreiten sich die Schallwellen auf dem Weg zu deinem Ohr hauptsächlich über die Umgebungsluft. Hältst du dir den Ballon dagegen dicht an den Kopf, liegt er näher an deinem Ohr, leitet den Schall direkt dorthin und hält gleichzeitig Geräusche aus der Umgebung ab. Deshalb wird das Klopfgeräusch durch den Ballon verstärkt.

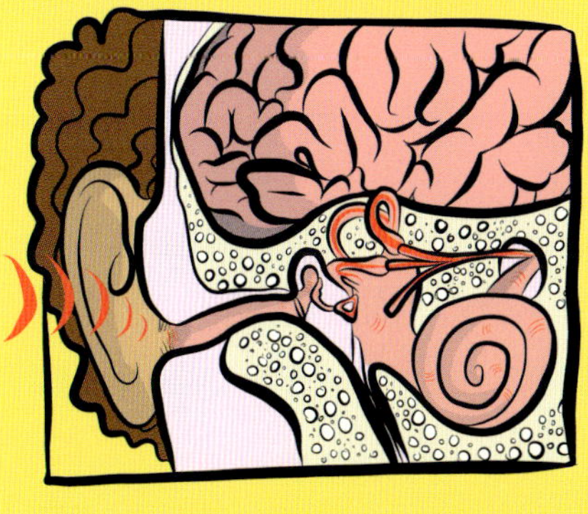

Wie hören wir?

Wenn unsere Ohren Schallwellen auffangen, gelangen diese von der Ohrmuschel durch den Gehörgang zum Trommelfell und bringen es zum Schwingen. Vom Trommelfell werden die Vibrationen zum Mittelohr weitergeleitet, wo drei kleine Knöchelchen sitzen: Hammer, Amboss und Steigbügel. Sie nehmen die Schwingungen auf und geben sie ans Innenohr weiter, wo sie sich auf die Flüssigkeit in der Gehörschnecke übertragen. Diese Bewegungen werden schließlich vom Hörnerv an das Gehirn gemeldet und dort blitzschnell ausgewertet.

Was du brauchst:

- 2 große Bogen Tonpapier
- Klebeband
- Schere
- eine weitere Person

Laut oder leise?

Trichterförmige Gegenstände kannst du wahlweise als Sprachrohr oder Hörrohr verwenden. Bastle dir zwei solche Röhren und finde heraus, wie man Schallwellen lenken und bündeln kann!

Wie du es machst:

1. Rolle jeden Papierbogen zu einem Trichter und klebe die Ränder zusammen.

2. Schneide die Öffnungen gerade ab.

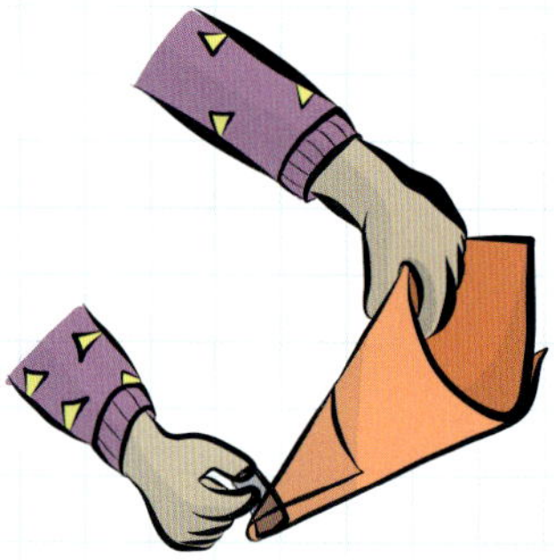

3. Lege die kleine Seite eines Trichters an dein Ohr, während die andere Person sich die kleine Öffnung des anderen Trichters an den Mund hält.

4. Stellt euch so hin, dass die großen Öffnungen beider Trichter zueinander zeigen. Was hörst du, wenn die andere Person in den Trichter spricht, flüstert, summt oder ruft? Wie weit könnt ihr euch voneinander entfernen, sodass du ihn oder sie gerade noch hören kannst?

5. Jetzt richtet ihr die großen Trichteröffnungen in unterschiedliche Richtungen. Wie verändert sich dadurch deine Wahrnehmung?

6. Zuletzt tauscht ihr die Rollen. Nun hältst du dir einen Trichter an den Mund und machst Geräusche, während die andere Person mit dem anderen Trichter lauscht.

Was passiert?

Wenn die Öffnungen der Trichter zueinander zeigen, hört ihr euch laut und deutlich. Zeigen die Trichteröffnungen in unterschiedliche Richtungen, werden die Töne leiser und schwer zu verstehen.

Kurz erklärt!

Die Trichter bündeln die Schallwellen in die gewünschte Richtung. Dadurch nehmt ihr die Geräusche lauter wahr. Beim Hineinsprechen dient der Trichter als **Sprachrohr** oder **Megafon**, das die Schallwellen vom Mund des Sprechenden zur Trichteröffnung leitet.

Hältst du dir den Trichter ans Ohr, so wirkt er als **Hörrohr**. Er fängt die Schallwellen auf, bündelt sie und leitet sie direkt zum Ohr. Dadurch nimmst du die Schallwellen lauter und klarer wahr. Wenn ihr das Sprachrohr und das Hörrohr gleichzeitig benutzt, verstärken sich die Wirkungen.

Wie laut ist was?

Die Lautstärke gibt man in **Dezibel** (dB) an. Sehr leise Geräusche unter 10 Dezibel können unsere Ohren kaum wahrnehmen. Das Rauschen von Blättern in der Natur bringt es auf etwa 10 bis 15 Dezibel. An einer lauten Straße herrscht eine Lautstärke von 80 bis 90 Dezibel, und ein Düsenjet erreicht ohrenbetäubende 150 Dezibel.

Eine Besonderheit dieser Einheit liegt darin, dass die Dezibelwerte nicht gleichmäßig steigen. Ist ein Geräusch doppelt so laut wie ein anderes, erhöht sich der Lautstärkewert um 10 Dezibel. Ein Geräusch mit 50 Dezibel ist also doppelt so laut wie eines mit 40 Dezibel.

Bei unserer Wahrnehmung der Lautstärke spielt außerdem die Entfernung eine Rolle. Je näher wir an einer Geräuschquelle sind, desto lauter nehmen wir den Ton wahr. Weil Schallwellen mit zunehmender Entfernung zur Schallquelle schwächer werden, sind Geräusche für uns umso leiser, je weiter wir uns von der Quelle entfernen.

Was du brauchst:

- Kleiderbügel aus Metall
- 2 lange Schnüre

Schwingen und Klingen

Klar, Kopfhörer leiten Töne direkt zu unseren Ohren. Aber was genau passiert dabei? Schnapp dir einen Kleiderbügel und erlebe ein kleines Hörwunder!

Wie du es machst:

1. Knote links und rechts je eine Schnur an den Kleiderbügel.

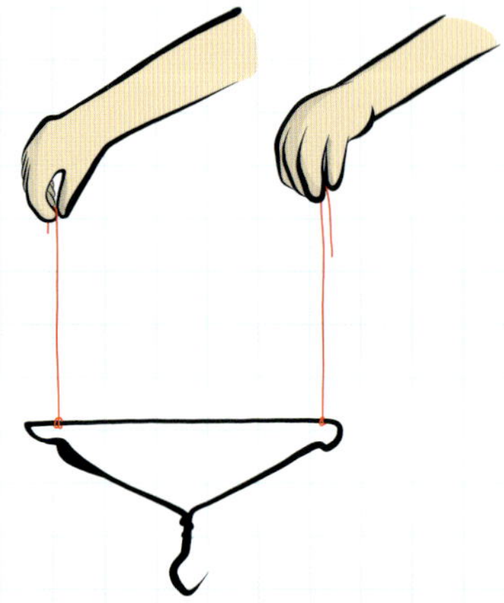

2. Nimm je ein Schnurende in die linke und die rechte Hand und lass den Kleiderbügel mit dem Haken nach unten baumeln.

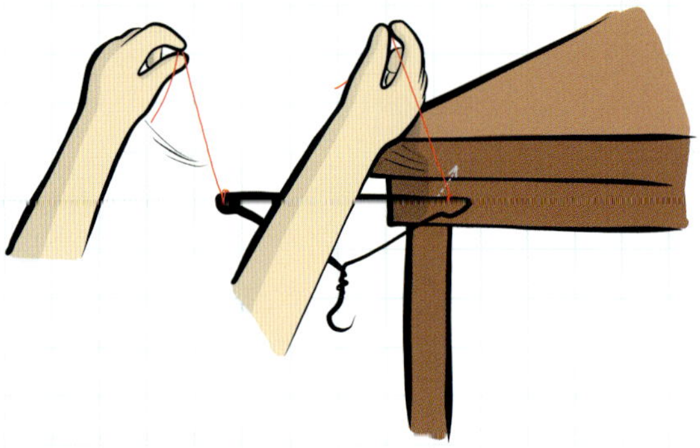

3. Halte den Kleiderbügel mit ausgestreckten Armen vor dich und lass ihn gegen eine Tischkante oder einen anderen festen Gegenstand pendeln. Wie klingt das?

4. Wickle dir jetzt die Schnurenden dreimal um die Zeigefinger und stecke diese Finger in deine Ohren.

5. Lass den Kleiderbügel erneut gegen den Gegenstand schwingen. Was hörst du jetzt?

? Was passiert?

Wenn der Kleiderbügel vor deinem Körper schwingt, hörst du nur ein leises „Pling". Steckst du dir die Finger in die Ohren, klingt das Geräusch wie ein Gong oder eine Kirchenglocke.

Kurz erklärt!

Wenn der Kleiderbügel frei im Raum schwingt, verbreiten sich die Schallwellen über die Luft und kommen abgeschwächt bei deinen Ohren an. Wickelst du die Schnüre um deine Finger und steckst dir diese in die Ohren, werden die Schallwellen über die Schnüre wie bei In-Ear-Kopfhörern direkt in deine Ohren übertragen. Weil deine Finger die Ohren verschließen, dringen auch keine anderen Schallwellen in deine Gehörgänge.

Außerdem werden die Schwingungen über die Finger auf deine Schädelknochen übertragen, die den Schall sehr gut leiten. Weil die Schallwellen durch die Knochen direkt ins Innenohr gelangen, spricht man auch von **Körperschall**.

Bei kabellosen Kopfhörern werden elektrische Signale übrigens von einem Gerät (dem Sender) durch die Luft übertragen. Die Kopfhörer empfangen diese Signale und wandeln sie mithilfe einer beweglichen Schicht (**Membran**) in Schwingungen um, die der oder die Empfänger*in wieder als Töne hört.

Wie klingt deine Stimme?

Beim Sprechen oder Singen vibrieren die Stimmbänder an deinem Kehlkopf und erzeugen Schallwellen. Das kannst du spüren, wenn du die Hand von außen an den Hals legst. Welche Töne du bildest, hängt unter anderem von der Stärke des Luftstroms und von der Stellung deiner Lippen, der Zunge und des Rachens ab.

Aber woran liegt es eigentlich, dass uns die eigene Stimme so fremd vorkommt, wenn wir eine Aufnahme davon hören? Ganz einfach: Wenn wir sprechen oder singen, werden die Töne in unserem Kopf über die Schädelknochen zum Ohr übertragen. Dadurch erscheint uns die Stimme tiefer. Hörst du nun eine Aufnahme davon, dringen die Schallwellen nur über die Luft in dein Ohr, und die Stimme klingt höher.

Becherteleton

Wenn wir telefonieren, erzeugt unsere Stimme elektrische Signale, die über Glasfaserkabel oder durch die Luft zu anderen Geräten übertragen werden. Aber auch eine einfache Schnur kann als Telefonleitung dienen.

Was du brauchst:

- 2 Pappbecher
- Schere
- 3 m lange Schnur
- Wasser- oder Acrylfarben
- Pinsel
- Zeitungspapier als Unterlage
- eine weitere Person

Wie du es machst:

1. Bohre mit der Schere ein Loch in die Mitte jedes Becherbodens.

2. Male die Becher bunt an.

3. Wenn die Farben trocken sind, schiebst du je ein Ende der Schnur von außen nach innen durch die Löcher in den Becherböden. Sorge mit dicken Knoten dafür, dass die Schnur nicht herausrutschen kann.

4. Gib einen der Becher einer befreundeten Person. Den anderen Becher behältst du.

5. Halte die Becheröffnung an deinen Mund und sprich hinein, während die zweite Person den anderen Becher an ihr Ohr hält. Achtet darauf, dass die Schnur dabei straff gespannt ist.

6. Anschließend tauscht ihr. Jetzt ist die andere Person mit Sprechen an der Reihe, und du lauschst mit dem Becher am Ohr.

Was passiert?

Auch wenn ihr ganz leise sprecht, könnt ihr euch mit dem Bechertelefon gut verständigen.

Kurz erklärt!

Beim Bechertelefon bündeln die Becher den Schall. Normalerweise breiten sich Schallwellen in alle Richtungen aus. Der Senderbecher leitet den Schall dagegen hauptsächlich in die Schnur. Diese überträgt die Schwingungen auf den Empfängerbecher, der gleichzeitig den Schall aus der Umgebung ausblendet. Deshalb kommen die Geräusche per Bechertelefon viel lauter an als bei normaler Übertragung durch die Luft. Die Schnur überträgt die Schwingungen am besten, wenn sie straff gespannt ist.

Wie funktionieren Telefone?

Echte Telefone wandeln die Töne unserer Stimmen mit Mikrofonen in elektrische Signale um. Diese Signale werden z. B. als Radiowellen oder Lichtsignale über Satelliten oder Kabel übertragen. Die Geräte der Empfänger*innen verwandeln die Signale wieder in Töne.

Was du brauchst:

- 2 große Bogen Tonpapier
- Klebeband
- mechanischen Wecker, der laut tickt
- großen Topf aus Metall
- großes Sofakissen

Hallo, Echo!

Wenn Schallwellen auf einen Gegenstand treffen, werden sie von ihm ganz oder teilweise weitergegeben, zurückgeworfen oder verschluckt. Überzeuge dich selbst davon!

Wie du es machst:

1. Bilde aus jedem Papier eine Röhre und klebe die Ränder zusammen.

2. Ziehe den Wecker auf und stelle ihn tickend in den Topf. Stülpe eine der Röhren über den Wecker und lehne die Röhre schräg an den Topfrand.

3. Stelle auch die zweite Röhre schräg in den Topf.

4. Halte ein Ohr an die Öffnung der leeren Röhre und lausche. Was hörst du?

5. Nimm die Röhren und den Wecker aus dem Topf. Lege die Röhren jetzt mit einem Ende dicht an das Kissen und stelle wieder den tickenden Wecker in eine Rolle.

6. Lausche an der Röhre ohne Wecker. Wie klingt es jetzt?

Was passiert?

Beim Versuch mit dem Topf klingt das Ticken des Weckers laut und deutlich. Verwendest du stattdessen das Kissen, hörst du fast gar nichts.

Kurz erklärt!

Der Topf wirft die Schallwellen des Weckers zurück. Diese **Reflexion** sorgt dafür, dass du das Ticken deutlich hörst, obwohl der Wecker in der anderen Röhre steckt. Glatte, harte Oberflächen aus Metall, Glas oder Beton reflektieren Schall besonders gut. Man bezeichnet den hörbaren, reflektierten Schall auch als **Echo**.

Das weiche Kissen lässt die Schallwellen dagegen nicht abprallen, sondern fängt sie auf. Das nennt man **Absorption**. Weil das Kissen wie ein **Schalldämpfer** wirkt, werden kaum Schallwellen zurückgeworfen. Deshalb nutzt man z. B. auch Teppiche und Wandverkleidungen, um in Tonstudios und Kinosälen unerwünschtes Echo zu dämpfen.

Echo-Ortung

Fledermäuse orientieren sich im Dunklen, indem sie Töne ausstoßen, die für uns nicht wahrnehmbar sind. Diese Töne und deren Echos wandeln die Fledermäuse in Bilder der Umgebung um. Sie „sehen" also mit ihren Ohren und wissen so, wo sich z. B. Hindernisse oder Beutetiere befinden.

Dieses clevere Prinzip wird auch unter Wasser eingesetzt. In der Meeresforschung und bei der Steuerung von U-Booten nutzt man Sonargeräte, die ebenfalls hohe Geräusche aussenden. Anhand des Echos wird dann ein Bild der Umgebung erstellt.

Diesen hohen, für Menschen nicht hörbaren Schall bezeichnet man als **Ultraschall**. Man nutzt ihn auch in der Medizin, um z. B. innere Organe zu untersuchen.

Was du brauchst:

- 4 kleine, leere Plastikflaschen
- Trichter
- Wasser
- Reis
- Mehl
- Esslöffel

Kleine Schallkunde

Was wir hören, hängt nicht nur von der Geräuschquelle ab. Wenn Schallwellen durch verschiedene Materialien dringen, verändert sich auch der Klang.

Wie du es machst:

1. Fülle eine Flasche bis zum Rand mit Wasser.

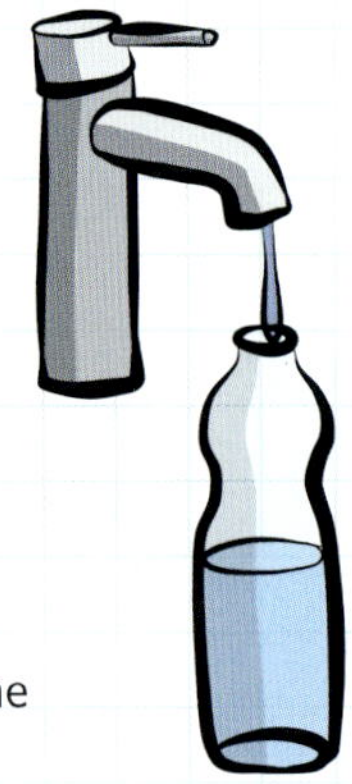

2. Nimm den Trichter zur Hilfe, um die zweite Flasche bis oben mit Mehl zu füllen.

3. In die dritte Flasche schüttest du mithilfe des Trichters ungekochten Reis.

4. Die vierte Flasche bleibt leer.

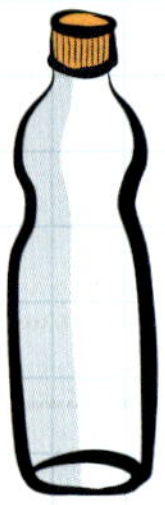

5. Schraube alle vier Flaschen zu. Halte sie nacheinander an dein Ohr und klopfe mit dem Löffel dagegen. Was hörst du?

Was passiert?

Bei der Mehlflasche hörst du ein dumpfes, leises Klopfen – fast so, als würdest du dir die Ohren zuhalten. Bei der Flasche mit Reis klingt das Klopfen etwas lauter. Durch die Wasserflasche hörst du einen langgezogenen, tiefen Ton und durch die Flasche mit Luft ein helles, abgehacktes Klopfen.

Kurz erklärt!

Schall wird von Gasen wie der Luft, von Flüssigkeiten wie Wasser und von Feststoffen übertragen. Wo keine Gase, Flüssigkeiten oder Feststoffe vorhanden sind, können sich Schallwellen nicht ausbreiten. Deshalb kann man im Weltraum nichts hören, weil es dort keine Luft gibt.

Alle Gase, Flüssigkeiten oder Feststoffe bestehen aus kleinen **Molekülen**. Beim Klopfen an die Flaschen erzeugst du Schwingungen. Diese Schallwellen breiten sich in den Flaschen aus, indem sich benachbarte Moleküle gegenseitig anstoßen und die Energie weitergeben. Das Mehl schwingt kaum, sodass du das Klopfen bei der Mehlflasche nur gedämpft hörst. Zwischen den Reiskörnern ist etwas mehr Bewegung möglich. Dadurch hörst du das Klopfen deutlicher. Die scheinbar leere Flasche ist mit beweglichen Luftmolekülen gefüllt, die den Schall noch besser leiten.

Wasser leitet den Schall am besten, sodass du das Klopfen durch die Wasserflasche am deutlichsten hörst. Dass das Geräusch hier am tiefsten klingt, liegt unter anderem daran, dass Wasser eine ähnliche **Dichte** hat wie dein Körper. Dadurch werden die Schwingungen direkt auf deine Schädelknochen übertragen, und der Ton klingt tiefer.

Schallgeschwindigkeiten

Die verschiedenen Materialien in den Flaschen beeinflussen nicht nur den Klang. Auch die Geschwindigkeit, mit der sich Schall ausbreitet, ist bei jeder Flasche anders. Je dichter die Moleküle in einem Stoff gepackt sind, desto schneller geben sie den Schall weiter.

Außerdem hängt die Ausbreitung von Schallwellen auch von der Temperatur ab. Je höher die Temperatur, desto größer die Schallgeschwindigkeit. In kalter Winterluft legt der Schall eine Strecke von 330 Metern in einer Sekunde zurück und an einem heißen Sommertag sogar 350 Meter pro Sekunde.

Noch höher ist die Schallgeschwindigkeit bei anderen Materialien:

Wasser: 1.500 Meter pro Sekunde

Metall: 6.000 Meter pro Sekunde

Diamant: 18.000 Meter pro Sekunde

Unterwasser-Musik

Im Wasser klingen Geräusche ganz anders als an der Luft. Mit einem Luftballon kannst du Unterwasser-Schall in verschiedenen Tonlagen erzeugen.

Was du brauchst:

- Stück Wasserschlauch, etwa 50 cm lang
- 2 kleine Trichter
- Klebeband
- Luftballon
- Wäscheklammer
- Waschbecken mit Stöpsel

Wie du es machst:

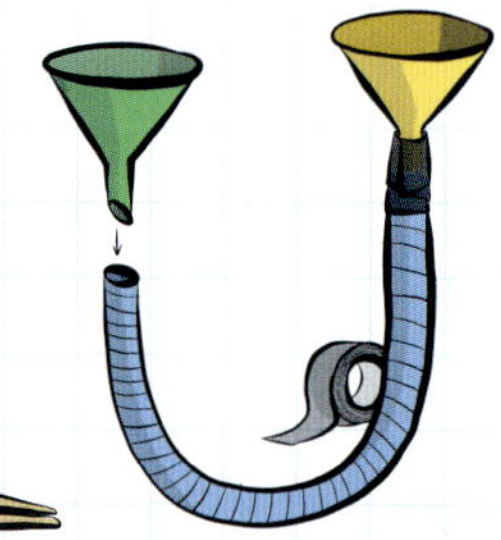

1. Stecke in jedes Ende des Schlauchs einen Trichter. Wenn die Trichterhälse den Schlauch nicht dicht verschließen, dichtest du die Übergänge mit Klebeband ab.

2. Puste den Ballon auf, verdrehe den Ballonhals und klemme ihn mit der Wäscheklammer ab.

3. Verschließe das Waschbecken mit dem Stöpsel und lass etwas Wasser einlaufen.

4. Tauche einen Trichter in das Wasser und halte dir den anderen ans Ohr.

5. Mit der freien Hand drückst du die Öffnung des Ballons ins Wasser. Es ist praktisch, wenn dir dabei eine zweite Person hilft.

6. Zieht die Wäscheklammer ab und haltet die Ballonöffnung zwischen Daumen und Zeigefinger an den Trichter im Wasser. Lasst mit den Fingern mal mehr und mal weniger Luft aus dem Ballon entweichen.

Was passiert?

Wenn ihr wenig Luft aus dem Ballon lasst, hörst du ein tiefes Brodeln. Lasst ihr viel Luft entweichen, ertönt ein hohes Gluckern.

Kurz erklärt!

Der Trichter unter Wasser fängt die Geräusche auf und leitet sie durch den Schlauch zu deinem Ohr. Weil Wasser eine höhere **Dichte** hat als Luft, leitet es den Schall besser. Dadurch hören wir Geräusche im Wasser deutlicher als an der Luft.

Die Unterschiede in der Dichte lassen auch die Luft aus dem Ballon an die Wasseroberfläche steigen. Die Tonhöhe hängt davon ab, wie schnell die Luft strömt. Lässt du die Luft nur langsam entweichen, hörst du sehr tiefe Geräusche. Schießt die Luft dagegen ungebremst aus dem Ballon, entstehen viel höhere Töne.

Hören unter Wasser

Weil die Dichte des Wassers der unseres Körpers ähnelt, nehmen wir Geräusche beim Tauchen mit beiden Ohren gleichzeitig und zusätzlich direkt über die Schädelknochen auf. Deshalb spricht man auch von **Körperschall**. Daher können wir unter Wasser mit dem Gehör weder Richtungen noch Entfernungen gut abschätzen.

Die Wale sind uns da weit überlegen. Sie nutzen ihre Gesänge nicht nur zur Verständigung, sondern auch zur Orientierung. Ähnlich wie Fledermäuse erkennen sie ihre Umgebung unter anderem am Echo ihrer eigenen Laute.

Glasmusik

Wenn du mit einem Kochlöffel gegen ein Glas klopfst, versetzt du es in Schwingung. Diese Bewegung hörst du als Ton. Aber wie entstehen unterschiedlich hohe Töne? Bei diesem Versuch findest du es heraus.

Was du brauchst:

- 4 gleich große, leere Konservengläser
- Krug mit Wasser
- 4 verschiedene Lebensmittelfarben
- Löffel zum Umrühren
- Kochlöffel aus Holz

Wie du es machst:

1. Stelle die Gläser mit etwas Abstand nebeneinander und gieße der Reihe nach unterschiedlich viel Wasser hinein. Das erste Glas füllst du 2 cm hoch, jedes weitere Glas etwa 2 cm höher als das vorige.

2. Färbe das Wasser in jedem Glas mit einigen Tropfen Lebensmittelfarbe. Nimm für jedes Glas eine andere Farbe und rühre gut um.

3. Klopfe mit dem Stiel des Kochlöffels nacheinander auf die Öffnungen der Gläser.

Was passiert?

Du hörst unterschiedliche Töne. Beim Klopfen gegen das Glas mit dem wenigsten Wasser entsteht der höchste Ton. Beim zweiten Glas klingt es schon tiefer, beim dritten Glas noch tiefer, und beim vierten erzeugst du einen sehr tiefen Ton. Mit etwas Übung kannst du auf den Gläsern richtige Melodien spielen.

Kurz erklärt!

Wenn du gegen die Gläser klopfst, erzeugst du Schwingungen, die als Töne zu hören sind. Die Tonhöhe hängt davon ab, wie schnell das Glas schwingen kann. Je weniger Flüssigkeit ein Glas enthält, desto freier kann es sich bewegen. Dadurch schwingt es schnell, und der Ton klingt hoch. Umgekehrt kann ein Glas mit viel Wasser weniger gut vibrieren. Dadurch schwingt es langsam, und du hörst einen tiefen Ton. Auch bei Musikinstrumenten werden verschiedene Tonhöhen durch langsame oder schnelle Schwingungen erzeugt.

Hoch oder tief?

Die Höhe eines Tons hängt von der Dauer der Schwingungen ab, die man auch **Frequenz** nennt. Wenn etwas langsam schwingt, entstehen Schallwellen mit niedriger Frequenz. Wir hören diese langgezogen Wellen als tiefe Töne. Schwingt etwas schnell, so haben die Schallwellen eine höhere Frequenz und kürzere Wellenlängen. Dadurch klingen die Töne hoch.

Man misst die Frequenz in der Einheit **Hertz** (Hz). Ein Hertz entspricht einer Schwingung pro Sekunde. Wir Menschen können Schall im Bereich von etwa 16 bis 20.000 Hertz wahrnehmen. Dagegen hören z. B. Hunde auch hohe Töne bis 50.000 Hertz.

Schall mit sehr niedriger Frequenz unterhalb von 16 Hertz nennt man **Infraschall**. Tiere wie z. B. Elefanten und Wale verständigen sich mit solchen tiefen Lauten. Auch das Brummen von Kühlschränken und Heizanlagen klingt oft so tief, dass man es gerade noch wahrnehmen kann.

Lärmtrichter

Bei diesem spannenden Hör-Experiment werden deine Sinne ziemlich verwirrt. Am besten probierst du es mit einem Freund oder einer Freundin aus.

Was du brauchst:

- 4 Bögen Tonpapier
- Klebeband, Schere
- 2 bewegliche Schlauchstücke, jeweils 1 m lang

Wie du es machst:

1. Rolle einen Bogen Tonpapier zu einem Trichter. Achte darauf, dass die kleinere Trichteröffnung in den Schlauch passt. Klebe den Trichter zusammen und schneide die Öffnungen gerade ab.

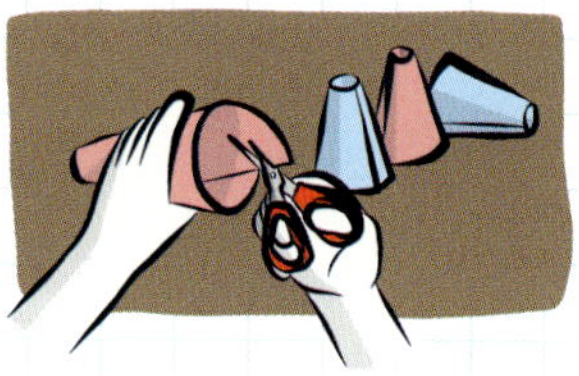

2. Wiederhole den ersten Schritt dreimal, sodass du vier gleich große Trichter erhältst.

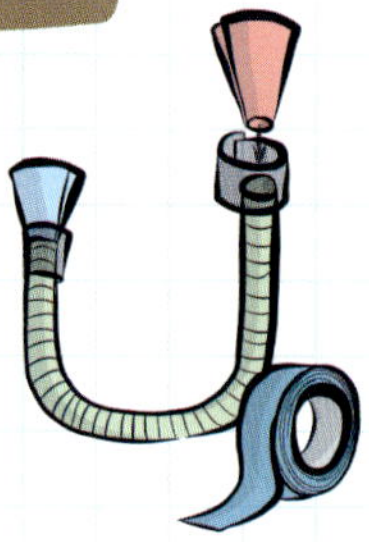

3. Stecke je einen Trichter mit der schmalen Öffnung in ein Schlauchende. Befestige die Trichter mit Klebeband an den Schläuchen, sodass keine Luft vorbeiströmen kann.

4. Lege dir einen Trichter vom ersten Schlauch über die linke Schulter, sodass die Öffnung nach hinten zeigt. Einen Trichter vom zweiten Schlauch legst du genauso über die rechte Schulter.

5. Überkreuze die Schläuche vor deiner Brust.

6. Halte dir den freien Trichter vom ersten Schlauch ans rechte Ohr und den vom zweiten Schlauch ans linke Ohr. Schlauch 1 führt jetzt von deinem rechten Ohr zur linken Schulter und Schlauch 2 vom linken Ohr zur rechten Schulter.

7. Drücke die Trichter an deine Ohren und gehe an verschiedenen Geräuschquellen in der Wohnung vorbei. Was nimmst du wahr?

Was passiert?

Du hörst die Geräusche von der linken Seite mit dem rechten Ohr. Was von rechts kommt, nimmst du mit dem linken Ohr wahr.

Kurz erklärt!

Unsere Ohren können Geräusche getrennt wahrnehmen. Das Gehirn verarbeitet diese Reize so, dass wir ohne Nachdenken sofort wissen, ob ein Geräusch von links oder von rechts kommt.

Mit den Trichtern an den Ohren blendest du die Geräusche der Umgebung aus, während gleichzeitig die Schallwellen von der jeweils gegenüberliegenden Seite aufgefangen werden. So werden die Geräusche von deiner rechten Seite zu deinem linken Ohr geleitet und die von der linken Seite zum rechten Ohr.

Augen zu!

Besonders viel Spaß macht dieses Experiment, wenn ihr zu zweit seid. Dabei trägt eine Person wie beschrieben die beiden Trichterschläuche und schließt die Augen. Die zweite Person macht links oder rechts von der Testperson verschiedene Geräusche, indem sie z. B. in die Hände klatscht, eine Tür zufallen lässt oder mit Geschirr klappert. Die Testperson ruft jeweils „Links!" oder „Rechts!", je nachdem, wo sie das Geräusch hört. Ihr könnt die Sache auch noch kniffliger machen, indem die Testperson rufen muss, von wo das Geräusch wirklich kommt. Meist klappt das am Anfang noch ganz gut, doch bald häufen sich die Fehler, weil das Experiment für unser Gehirn total verwirrend ist. Ganz schön anstrengend, aber bald wird getauscht, und jetzt darf der oder die andere von euch die neue Testperson mit Geräuschen durcheinanderbringen.

Handy-Verstärker

Was geschieht, wenn du Schallwellen durch eine Pappröhre in zwei Becher schickst? Das Ergebnis kann sich hören lassen: Der Schall wird verstärkt und im Raum verteilt, sodass er aus verschiedenen Richtungen in deine Ohren dringt.

Was du brauchst:

- Handy
- leere Küchenrolle
- 2 Pappbecher
- Bleistift
- Schere
- Wasser- oder Acrylfarben
- Pinsel
- Zeitungspapier als Unterlage

Wie du es machst:

1. Lege die Papprolle quer vor dir auf den Tisch und halte dein Handy aufrecht über ihre Mitte.

2. Fahre mit dem Bleistift um die Unterseite des Telefons, um seinen Umriss auf die Papprolle zu übertragen. Danach kannst du das Handy wieder weglegen.

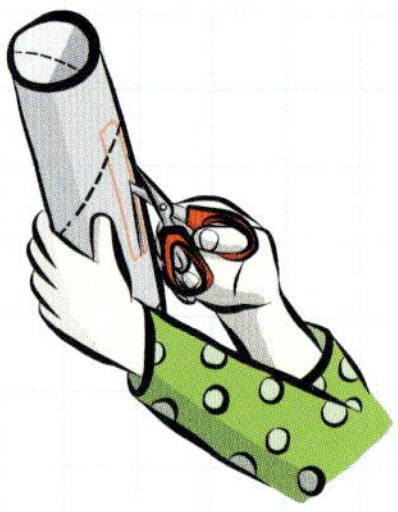

3. Schneide an der aufgezeichneten Linie entlang einen Schlitz für das Handy in die Rolle.

4. Lege eine Öffnung der Pappröhre seitlich an einen Becher. Übertrage den Umriss der Rolle auf den Becher und schneide dann ein Loch für die Röhre in den Becher.

5. Gehe beim zweiten Becher genauso vor, aber schneide das Loch jetzt in die andere Becherseite.

6. Male die Röhre und die Becher bunt an.

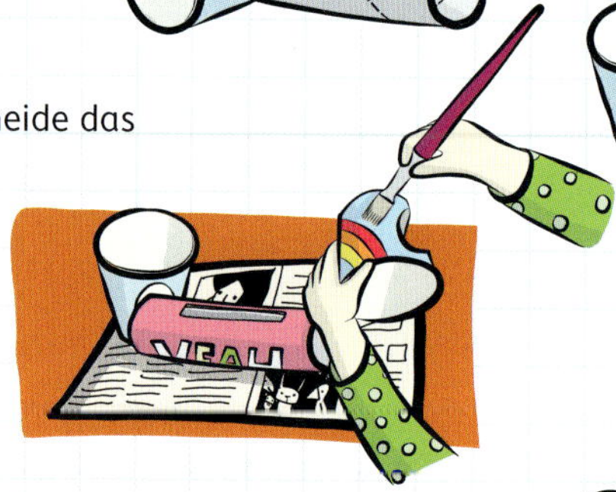

7. Wenn die Farbe getrocknet ist, steckst du die Enden der Röhre in die Löcher an den Becherseiten. Drehe alle Teile so, dass der Schlitz der Röhre oben liegt und beide Becheröffnungen nach vorne zeigen.

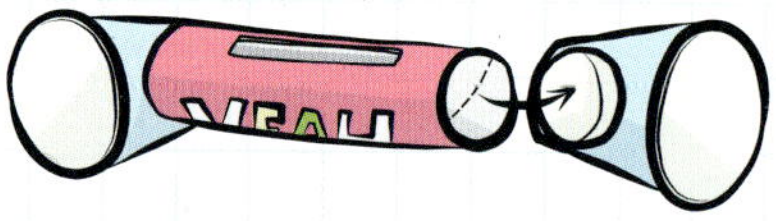

8. Spiele mit deinem Handy Musik ab und achte auf den Klang und die Lautstärke.

9. Stecke das Handy dann mit dem Lautsprecher nach unten in den Schlitz und vergleiche, was du jetzt hörst.

Was passiert?

Du hörst die Musik viel deutlicher und lauter.

Kurz erklärt!

Weil die Schallwellen in der Röhre schwingen können, hallt der Schall wider und wird verstärkt. Die hohle Röhre dient dabei als **Resonanzkörper**. Auch viele Musikinstrumente wie etwa Geigen, Gitarren und Trommeln haben Resonanzkörper. Die Becher dienen als Lautsprecher, die den Schall bündeln und in deine Richtung leiten. So ähnlich funktionieren auch elektronische Lautsprecher, die elektrische Signale in hörbaren Schall umwandeln.

Schall im Raum

Obwohl die Lautsprecher bei deinem Handy-Verstärker nah beieinander liegen, verteilen sie den Schall besser als das Handy allein. Bei Verwendung von zwei oder mehr Lautsprechern fällt der Schall von verschiedenen Seiten in unsere Ohren, sodass eine räumliche Klangwirkung entsteht. Man bezeichnet eine solche Verteilung von Schall auch als **Stereo**-Übertragung.

Was du brauchst:

- DIN-A4-Blatt Papier

Papierknaller

Du brauchst nur ein Blatt Papier, um einen lauten Knall zu erzeugen. Dein Papierkracher funktioniert ganz ähnlich wie ein Knallkörper, aber statt einer Zündschnur gibst du dem Papier mit deiner Körperkraft die nötige Energie.

Wie du es machst:

1. Falte das Blatt einmal längs und einmal quer in der Mitte.

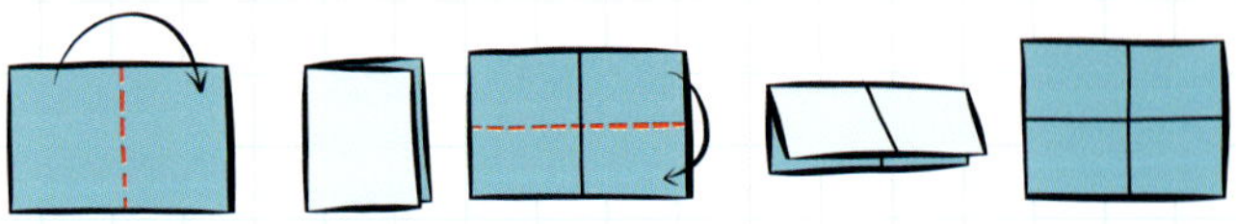

2. Streiche das Papier wieder glatt und falte die Spitze jeder Ecke zur Linie in der Mitte hin.

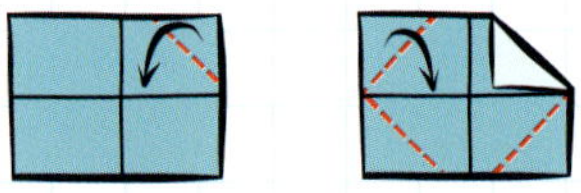

3. Klappe das Blatt längs zusammen, sodass die eingefalteten Ecken innen liegen.

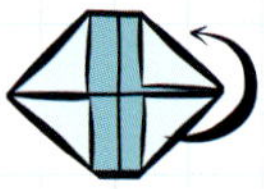

4. Drehe das Blatt so, dass die lange Seite quer vor dir liegt. Biege die rechte Spitze zur Mittellinie hin und falte sie nach oben. Anschließend gehst du bei der linken Spitze genauso vor.

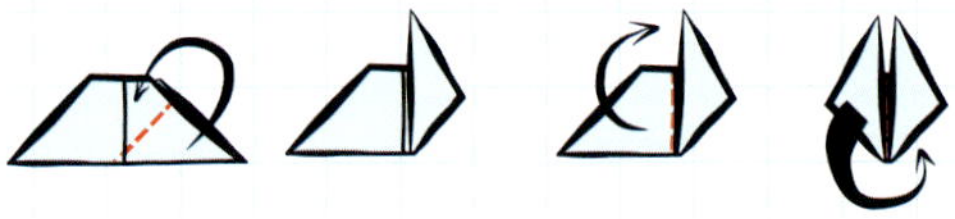

5. Wende das Blatt, sodass die zuletzt gefalteten Spitzen von dir weg zeigen. Falte dann die linke Seite nach rechts, um ein Dreieck zu bilden.

6. Halte das Dreieck zwischen Daumen und Zeigefinger an den spitzen Enden, sodass die offene Seite zum Boden zeigt.

7. Weite die Zwischenräume zwischen den Seitenflügeln noch etwas und schleudere das Knallpapier dann mit viel Schwung nach unten, ohne die Enden loszulassen.

Was passiert?

Das Papier faltet sich mit einem lauten Knall auf.

Kurz erklärt!

Die Luft besteht aus unglaublich vielen winzigen Teilchen, die man **Moleküle** nennt. Diese Teilchen übertragen den Schall, bewegen sich aber nicht mit ihm fort. In Schallwellen folgen Bereiche mit niedrigem **Luftdruck** auf solche mit hohem Luftdruck. Eine Schallwelle besteht also immer abwechselnd aus einem Bereich mit locker beieinanderliegenden Molekülen und einem mit eng gepackten Molekülen. Diese Unterschiede können wir als Geräusche wahrnehmen.

Wenn du deinen Knallkörper von dir schleuderst, werden die Luftmoleküle zwischen den Papierschichten ganz fest zusammengedrückt. Schließlich ist der Druck so hoch, dass sich das Papier dadurch auffaltet. In diesem Augenblick sinkt der Luftdruck schlagartig, weil die kleinen Teilchen sich jetzt ausbreiten können.

Der plötzliche Übergang von hohem Druck, also eng zusammenliegenden Teilchen, und niedrigem Druck bewirkt den Knall. Ein klarer Beweis dafür, dass Geräusche durch bewegte Luft entstehen!

Wo knallt es noch?

Knallkörper mit Zündschnur funktionieren ganz ähnlich. Wenn man sie zündet, steigt der Druck im Inneren so stark an, dass die Hülle zerreißt. Der Knall, der dabei zu hören ist, entsteht ebenfalls durch die plötzliche Änderung des Luftdrucks.

Auch wenn jemand eine Peitsche schnell durch die Luft schwingt, ist ein Knall zu hören. Dieses scharfe, kurze Geräusch wird ebenfalls durch eine Druckwelle ausgelöst, die sich schlagartig ausbreitet und dann rasch wieder abklingt.

Du kannst auch eine kleine Papiertüte prall aufblasen und gut zuhalten. Wenn du jetzt mit der freien Hand darauf schlägst, zerreißt die Tüte mit einem lauten Knall. Auch hier entsteht das Geräusch durch die Druckunterschiede der Luft.

Rasselspaß

Rasseln sind nicht nur vielseitig und sehen toll aus. Vor allem kann man mit ihnen unglaublich viel Krach machen. Wie sie klingen, hängt unter anderem von den verwendeten Materialien und von der Energie beim Schütteln ab.

Was du brauchst:

- 2 kleine, leere Plastikflaschen
- Gegenstände zum Einfüllen, z. B. Perlen, Büroklammern, Knöpfe, Reiskörner oder Nüsse
- Trichter
- 2 leere Klopapierrollen
- Reste von Geschenkpapier
- Schere
- Kleber

Wie du es machst:

1. Schraube die Deckel ab und fülle die Flaschen mithilfe des Trichters etwa zu einem Drittel mit kleinen Gegenständen. Achte darauf, dass du in die eine Rassel eher große, in die andere Flasche eher kleine Gegenstände füllst.

2. Drücke die oberen Hälften der Flaschen mit den Händen fest zusammen.

3. Stülpe je eine Papprolle über die zusammengeknautschten Oberteile der Flaschen und schraube diese wieder zu.

4. Schneide Geschenkpapier zurecht und klebe es um die Papprollen.

5. Schüttle die Rasseln nach Herzenslust.

Was passiert?

Je größer die Gegenstände in einer Rassel sind, desto tiefer ist der erzeugte Klang. Kleine Teile sorgen dagegen für einen höheren Klang.

Kurz erklärt!

Beim Schütteln werden die Gegenstände in den Rasseln bewegt, sodass sie gegeneinander und gegen die Flaschenwand prallen. Dabei entstehen Schwingungen, die Schall erzeugen. Wie eine Rassel klingt, hängt von ihrem Material, der Größe und ihrer Füllung ab. Größere Gegenstände in der Rassel klingen tiefer, weil sie langsamer schwingen. Kleine Teile bewegen sich schneller, sodass wir höhere Töne hören.

Schon gewusst?

Rasseln sind sogenannte Selbstklinger (**Idiofone**). Bei solchen Instrumenten erfolgt die Tonerzeugung ohne Saiten oder Membranen.

Regenstab

Regen kann ganz unterschiedlich klingen. Mal hören wir ein leises Rieseln, dann wieder ein lautes Rauschen oder heftiges Prasseln. Aber wie entstehen diese Geräusche? Mit einem Regenstab findest du es heraus.

Was du brauchst:

- leere Dose von Stapelchips
- etwa 6 cm lange Nägel
- Hammer
- Reste von buntem Papier
- Kleber
- Tasse
- Linsen oder Reis (ungekocht)
- Kieselsteine oder Murmeln

Wie du es machst:

1. Schlage mit dem Hammer spiralförmig etwa 20 bis 30 Nägel in die Wand der Papprolle. Die genaue Position der Nägel ist nicht wichtig – Hauptsache, sie ragen kreuz und quer ins Innere der Dose.

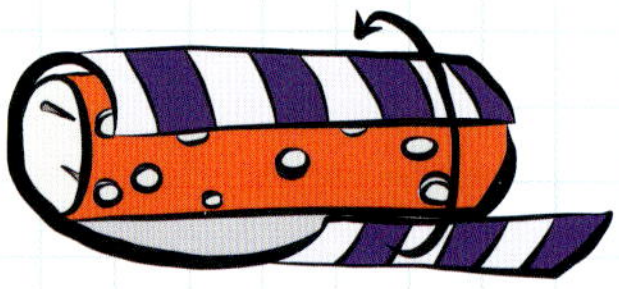

2. Beklebe die Außenseite der Rolle mit buntem Papier.

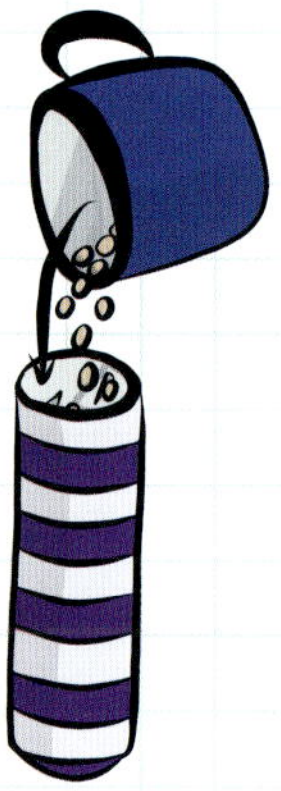

3. Fülle eine halbe Tasse trockene Linsen oder Reiskörner hinein. Schließe den Deckel, nimm die Dose in die Hand und drehe sie langsam auf den Kopf. Was hörst du dabei?

4. Schütte die Linsen oder Reiskörner wieder in ihre Packung.

5. Gib eine halbe Tasse Kieselsteine oder Murmeln in die Röhre. Schließe wieder den Deckel, drehe die Dose langsam um und lausche.

Was passiert?

Bei Linsen oder Reis hörst du ein leises Rieseln, bei den Steinen oder Murmeln ein lautes Prasseln.

Kurz erklärt!

Wenn Regentropfen aus den Wolken fallen, werden sie von der Schwerkraft der Erde angezogen. Je größer und schwerer die Tropfen sind, desto schneller fallen sie. Dabei werden sie vom **Luftwiderstand** gebremst. Die Regengeräusche entstehen einerseits durch die Veränderungen des **Luftdrucks** während des Fallens und andererseits durch den Aufprall auf dem Untergrund.

Dabei kommt es nicht nur auf Größe und Gewicht der Tropfen an, sondern auch auf das Material, auf dem sie landen. Weiche Erde nimmt die Tropfen auf und wirkt wie ein **Schalldämpfer**, sodass man das Auftreffen auf dem Boden fast nicht hört. Dagegen prallen die Tropfen von glattem Metall deutlich hörbar ab. Besonders laut klingt Regen, der auf einen Hohlraum wie eine Tonne fällt. Dabei wirkt die Tonne wie ein **Resonanzkörper** und verstärkt die Geräusche.

In deinem Regenstab werden die Körner und Steine von den Nägeln gebremst wie die Regentropfen vom Luftwiderstand. Deshalb rieselt der Inhalt langsam durch die Röhre, und du hörst die typischen Regengeräusche. Ob es eher wie Nieseln oder wie Starkregen klingt, hängt von der Größe und dem Gewicht der eingefüllten Gegenstände ab.

Regenzauber

Ursprünglich stellte man Regenstäbe in Südamerika aus Kaktusröhren her und spickte sie mit Dornen der Pflanzen. In trockenen Gegenden hofften die Menschen damit Niederschläge anzulocken. Heute werden Regenstäbe hauptsächlich als Musikinstrumente verwendet. Sie zählen zu den Selbstklingern (**Idiofonen**).

Klangleiter

Mit einer Klangleiter aus Holz kannst du warme, sanfte Töne erzeugen. Die Schwingungen der Hölzer verleihen dem Instrument einen einzigartigen Klang. Finde heraus, wie sich die Länge eines Holzes auf seine Schwingung und damit auf die Tonhöhe auswirkt.

Was du brauchst:

- 1 – 2 cm dicke, trockene Äste, z. B. von Ahorn, Zeder oder Fichte
- Gartenschere
- Schnur, Schere

Wie du es machst:

1. Teile das Holz mit der Gartenschere in fünf unterschiedlich lange Stücke, von denen jedes etwa 2 cm kürzer ist als das vorige. Der längste Abschnitt soll etwa 15 cm lang sein, der kürzeste 7 cm. Lass dir dabei von einem Erwachsenen helfen.

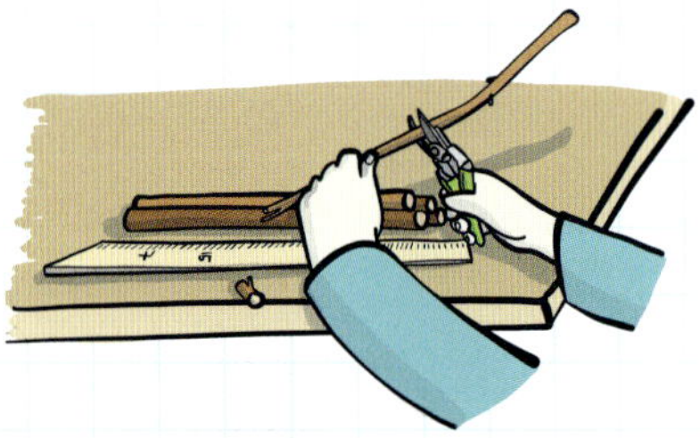

2. Verbinde die Hölzer der Größe nach links und rechts mit der Schnur. Dafür legst du die Schnur um jedes Holz und sicherst sie mit einem Knoten. Das kürzeste Stück der Klangleiter liegt ganz unten, das längste oben. Der Abstand zwischen den Aststücken soll etwa 1 bis 2 cm betragen.

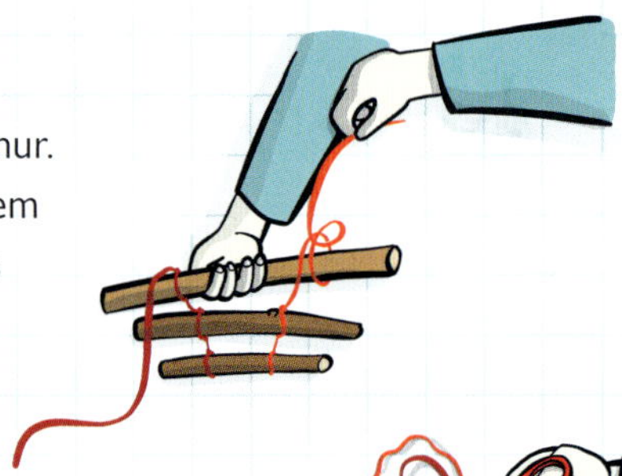

3. Bilde oben eine Schlaufe zum Aufhängen der Klangleiter. Anschließend trennst du die übrige Schnur ab.

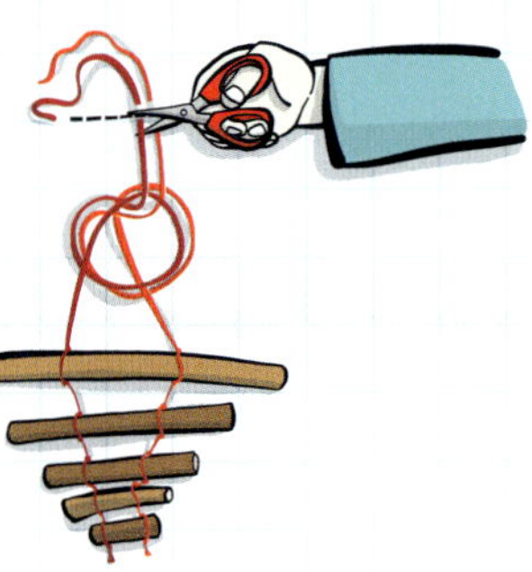

4. Schneide dir als Schlägel ein weiteres, etwa 15 cm langes Stück Holz zurecht.

5. Halte die Leiter an der Schlaufe oder hänge sie so auf, dass die Stäbe frei schwingen können.

6. Klopfe mit dem Schlägel auf ein Aststück nach dem anderen oder streiche von oben nach unten über die ganze Leiter.

Was passiert?

Die Hölzer klingen unterschiedlich. Das längste Holz hat den tiefsten Klang, das kürzeste den höchsten.

Kurz erklärt!

Je länger ein Stab ist, desto langsamer schwingt er. Daher klingt der längste Stab am tiefsten. Ein kurzer Stab schwingt schneller. Deshalb klingt das kürzeste Holz am höchsten.

Selbst gebautes Xylofon

Aus unterschiedlich langen Hölzern kannst du dir auch ein Xylofon bauen. Dabei bringst du die Klanghölzer der Größe nach mit kleinen Nägeln auf zwei Holzleisten an, die auf einer Unterlage stehen. Damit die Hölzer schwingen können, darfst du sie nur locker befestigen. Auch das Xylofon spielst du mit einem Schlägel. Klangleitern und Xylofone gehören zur Gruppe der **Idiofone**.

Klapperkonzert

Klapperdiklapper! Nicht nur im sonnigen Spanien sorgen diese kleinen Instrumente für Stimmung. Du kannst dir ganz einfach Kastagnetten basteln und dabei den Klang verschiedener Materialien erforschen.

Was du brauchst:

- dicke Pappe
- Schere
- jeweils 2 gleich große Gegenstände, z. B. halbe Nussschalen, Metalldeckel oder dicke Knöpfe
- Kleber

Wie du es machst:

1. Schneide für jede Kastagnette einen etwa 15 cm langen Pappstreifen zurecht. Der Streifen muss etwas breiter sein als die Gegenstände, mit denen du klappern möchtest.

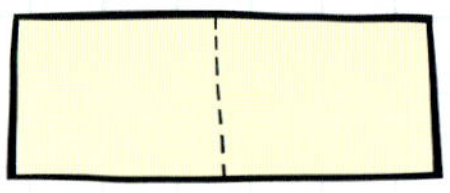

2. Falte den Streifen quer in der Mitte und klappe ihn wieder auseinander.

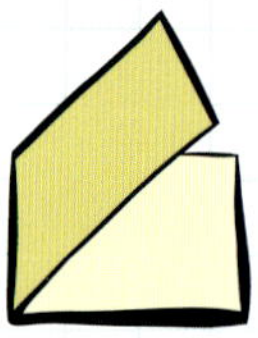

3. Klebe zwei ähnliche Gegenstände an die Enden.

4. Wenn der Kleber getrocknet ist, kann es losgehen. Nimm die Kastagnette so in die Hand, dass du sie zwischen dem Daumen und den restlichen Fingern auf- und zuklappen kannst.

5. Falls du Kastagnetten mit unterschiedlichem Klang hast, kannst du sie in beide Hände nehmen und ein kleines Klapperkonzert einstudieren.

Was passiert?

Je nach verwendetem Material hörst du ein hartes Klacken, ein weiches Klopfen oder ein metallisches Scheppern.

Kurz erklärt!

Kastagnetten zählen zu den **Idiofonen**. Wenn ihre beiden Seiten aufeinandertreffen, entstehen Schwingungen, die wir als Klappern hören. Der Klang einer Kastagnette wird unter anderem durch das Material, die Form und die eingesetzte Kraft beim Spielen beeinflusst.

Metall und Holz sind Materialien, die gut schwingen und deshalb auch für den Bau von Instrumenten wie z. B. Trompeten und Klavieren verwendet werden. Dagegen sind Plastikknöpfe meist sehr hart und geben ein scharfes Klacken von sich.

Unabhängig vom Material erzeugst du mit den Kastagnetten immer nur einen kurzen Ton. Das liegt daran, dass die Schwingung, die den Ton erzeugt, schnell vorbei ist.

Diese Wirkung kannst du auch bei anderen Gegenständen beobachten. Klopfst du z. B. gegen einen Topfdeckel oder Lampenschirm aus Metall, so beginnt dieser leise zu klingen. Das Geräusch verstummt sofort, wenn du den schwingenden Gegenstand mit der Hand festhältst. Damit hinderst du ihn am Weiterschwingen, und es entstehen keine neuen Schallwellen mehr.

Was du brauchst:

- Schuhkarton
- 3 Bleistifte
- Lineal
- Zirkel
- Schere
- Gummiringe

Musikbox

Aus einem Schuhkarton und ein paar Gummiringen wird ruck, zuck ein tolles Saiteninstrument. Die Töne entstehen durch die Schwingung der Saiten und werden durch den Karton verstärkt. Mach dich bereit für ein kleines Konzert!

Wie du es machst:

1. Nimm den Deckel vom Schuhkarton. Verbinde die schräg gegenüberliegenden Ecken des Deckels mit je einer Bleistiftlinie. Dort, wo die Linien sich kreuzen, liegt der Mittelpunkt.

2. Ziehe mit dem Zirkel einen Kreis mit 10 cm Durchmesser um den Mittelpunkt. Schneide den aufgezeichneten Kreis dann mit der Schere aus.

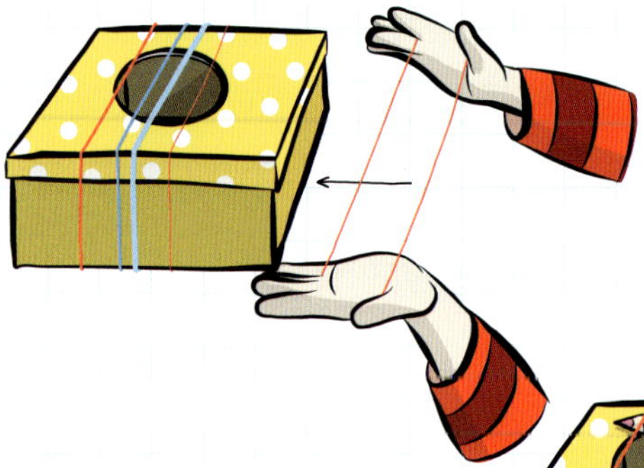

3. Lege den Deckel wieder auf den Karton und streife die Gummiringe quer über Karton und Deckel.

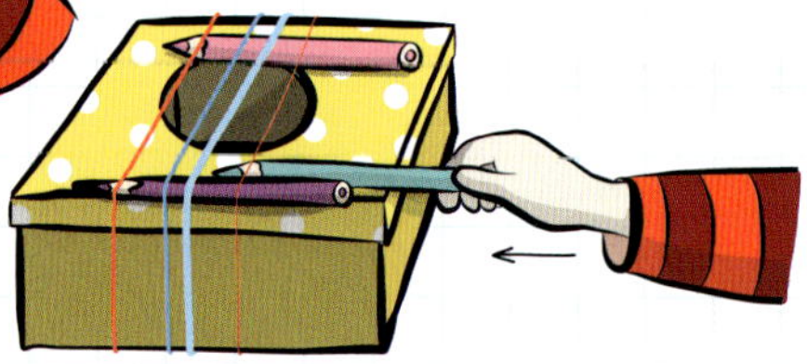

4. Jetzt schiebst du auf einer Seite längs einen Bleistift zwischen die Gummis und den Deckel. Auf der anderen Seite platzierst du zwei Bleistifte nebeneinander zwischen dem Deckel und den Gummis.

5. Los geht's: Jetzt kannst du an den Saiten zupfen oder mit den Fingernägeln darüber streichen.

Was passiert?

Wenn du die Gummis in Bewegung versetzt, geben sie wie die Saiten einer Harfe Töne von sich.

Kurz erklärt!

Die Musikbox zählt zu den **Chordofonen** (Saitenklingern). Durch das Schwingen der Gummis entstehen Schallwellen. Sie dringen durch das Schallloch in den Karton und werden dort verstärkt, sodass sie lauter klingen. Der Karton dient also als **Resonanzkörper**.

Die Stifte sorgen dafür, dass die Gummiringe nicht auf dem Deckel aufliegen, sondern gut schwingen können. Weil die Tonhöhe von der Länge und Spannung der Saiten abhängt, kannst du durch Drücken der Saiten verschiedene Töne erzeugen. Wenn nur ein kürzerer Teil einer Saite schwingen kann, entsteht ein höherer Ton. Dafür drückst du das Gummiband zwischen den nebeneinanderliegenden Stiften auf den Kartondeckel.

Auch die Dicke der Gummis hat Einfluss auf die Tonhöhe deiner Musikbox. Mit dicken Gummis kannst du tiefere Töne erzeugen als mit dünnen.

Trommelkonzert

Trommeln gehören zu den ältesten Musikinstrumenten auf der Welt. Aus ein paar Blumentöpfen kannst du dir selbst tolle Trommeln bauen und herausfinden, wie sich unterschiedliche Größen und Trommelbewegungen auf den Klang auswirken.

Was du brauchst:

- unterschiedlich große Blumentöpfe aus Ton oder Metall
- Transparentpapier
- Gummiringe
- Klebeband
- Holzstäbe, z. B. Essstäbchen oder Kochlöffel

Wie du es machst:

1. Nimm das Transparentpapier doppelt und lege es über die Öffnungen der Blumentöpfe.

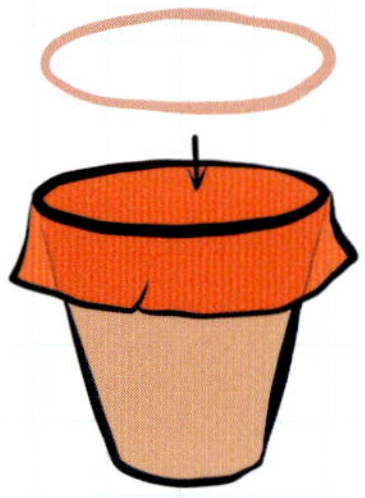

2. Ziehe das Papier straff und befestige es rundherum mit Gummiringen.

3. Probiere vorsichtig aus, wie haltbar deine Trommeln sind. Wenn nötig, kannst du das Transparentpapier zusätzlich zu den Gummis noch an den Topfrändern festkleben.

4. Stelle die Blumentöpfe der Größe nach nebeneinander. Achte darauf, dass sie sich nicht berühren.

5. Schnapp dir die Stäbe und trommle los.

Was passiert?

Bei der kleinsten Trommel hörst du die höchsten Töne.
Die größte Trommel klingt am tiefsten.

Kurz erklärt!

Mit dem Schlägel (Essstäbchen oder Kochlöffel) versetzt du die bewegliche Haut (Membran) auf den Trommeln in Schwingung. Deshalb bezeichnet man solche Instrumente auch als **Membranofone**. Die Membran der kleinen Trommel schwingt wegen der kleinen Trommelfläche am schnellsten. Die schnellen Schwingungen führen zu hohen Tönen. Je größer eine Trommel ist, desto langsamer schwingt die Membran und umso tiefer ist das erzeugte Geräusch.

Die Tonhöhe jeder Trommel hängt von ihrem Material, dem Umfang und der Größe des **Resonanzkörpers** ab. Du kannst die Tonhöhe beim Trommeln also nicht beeinflussen – aber die Lautstärke, indem du sanfter oder fester trommelst.

Geräusche in Bewegung

Achte im Alltag auch einmal darauf, was du hörst, wenn sich eine Schallquelle wie z. B. ein fahrendes Auto an dir vorbeibewegt. Während sich das Auto nähert, hörst du ein eher hohes Geräusch. Ist das Auto vorbeigefahren und entfernt sich von dir, nimmst du ein viel tieferes Geräusch wahr. Das liegt daran, dass sich das Auto mit den von ihm ausgehenden Schallwellen bewegt. Beim Näherkommen nimmt unser Ohr deshalb eine erhöhte Frequenz wahr, und das Geräusch klingt höher. Entfernt sich das Auto von dir, wirkt der Ton tiefer, weil die vom Ohr wahrgenommene Frequenz abnimmt. Diesen Vorgang bezeichnet man nach seinem Entdecker Christian Doppler (1803 – 1853) als **Dopplereffekt**.

Kazoo

Das Kazoo verdankt seinen Namen dem quäkenden Klang. Man spricht es englisch aus, also „Kähsu“. Mit diesem kleinen Instrument kannst du witzige Laute erzeugen, indem du mit dem Luftstrom deiner Stimme eine Membran bewegst.

Was du brauchst:

- leere Klopapierrolle
- Transparentpapier
- Schere
- Kleber
- Wasser- oder Acrylfarben
- Pinsel
- Zeitungspapier als Unterlage

Wie du es machst:

1. Schneide aus dem Transparentpapier einen Kreis aus, der etwas größer ist als die Öffnung der Klopapierrolle.

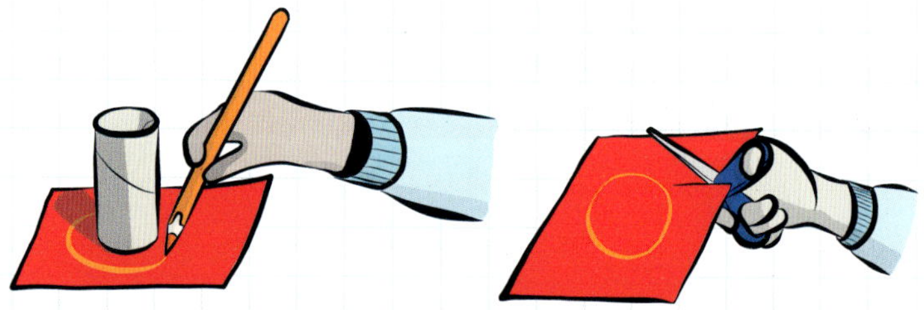

2. Bestreiche die Rolle an einem Rand dünn mit Klebstoff und klebe das Transparentpapier straff über die Öffnung. Drücke das Transparentpapier fest, bis es gut hält.

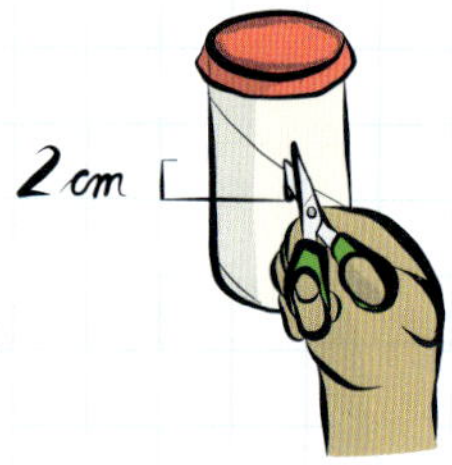

3. Schneide einen schmalen, etwa 2 cm langen Schlitz in die Seite der Rolle.

4. Bemale dein Kazoo in bunten Farben.

5. Nach dem Trocknen hältst du das Kazoo so, dass der Schlitz nach oben zeigt. Nun singst oder sprichst du in die Öffnung gegenüber vom Transparentpapier. Probiere auch, was passiert, wenn du ganz hohe oder tiefe Töne von dir gibst.

Was passiert?

Wenn du in das Kazoo sprichst oder singst, wird deine Stimme quäkend verfremdet. Die Tonhöhe, die du vorgibst, bleibt dabei erhalten.

Kurz erklärt!

Das Kazoo ist kein Blasinstrument, sondern zählt wie die Trommeln und Pauken zu den **Membranofonen**. Den Namen verdankt es der beweglichen Haut (Membran) am Ende. Das ist bei deinem selbst gebastelten Kazoo das Transparentpapier. Diese Membran bringst du mit deiner Stimme zum Schwingen, sodass sie den Klang verzerrt und verstärkt.

Solche Instrumente bezeichnet man auch als **Ansingtrommeln**, weil die erzeugten Klänge ähnlich wie bei Schlaginstrumenten durch das Vibrieren einer Haut entstehen.

Im Musikhandel gibt es Kazoos aus Kunststoff oder Metall zu kaufen. Bei ihnen liegt die Membran meist in der kleinen Öffnung an der Oberseite. Die Funktionsweise und der Klang sind aber ähnlich wie bei deinem selbst gebastelten Kazoo.

Kammkonzert

Auch mit einem Kamm kannst du durch Ansprechen oder Ansingen seltsame Laute erzeugen. Dafür faltest du ein Stück Butterbrotpapier der Länge nach und legst es mit der Falzkante über die Zinken. Wenn du den Kamm jetzt mit den Zinken nach oben an den Mund hältst und z. B. langgezogen „Huhu!“ rufst, bringst du das Papier zum Schwingen. Dadurch klingt deine Stimme quäkend, und du kannst die Schwingungen sogar an den Lippen spüren. Du wirst staunen, wie das kitzelt, kribbelt und klingt!

Schiebeflöte

Von Sirenengeheul bis hin zu kleinen Melodien kannst du mit dieser Flöte ganz verschiedene Geräusche erzeugen. Wie die Töne klingen, hängt von der Höhe der Luftsäule in der Flöte ab. Lass dich überraschen!

Was du brauchst:

- leeres Brausetabletten-Röhrchen ohne Deckel
- kleinen Handbohrer
- Schere
- Knete
- Holzstab oder alten Stift
- Acrylfarben
- Pinsel
- Zeitungspapier als Unterlage

Wie du es machst:

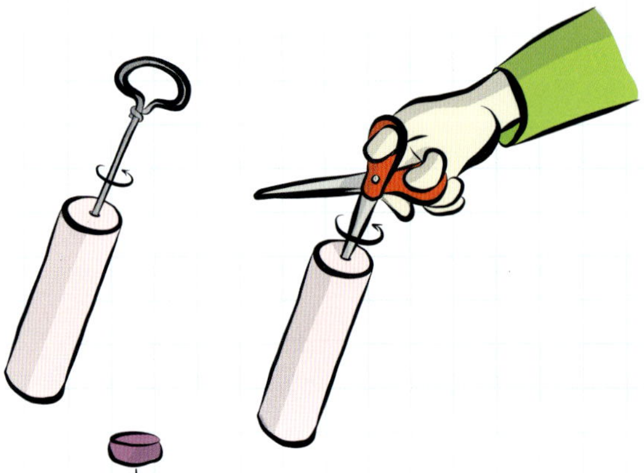

1. Bohre mit dem Handbohrer ein Loch in den Boden des Röhrchens. Anschließend vergrößerst du das Loch mit der Schere auf etwa 0,5 bis 1 cm Durchmesser. Durch dieses Loch pustest du später in die Flöte.

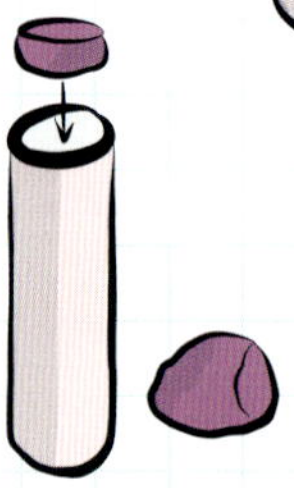

2. Forme aus Knete eine etwa 1 cm dicke, runde Scheibe. Sie muss in das Röhrchen passen und dort auf und ab gleiten können.

3. Stecke den Stab oder Stift in die Mitte der Knetscheibe. Pass auf, dass du die Knete dabei nicht durchbohrst.

4. Schiebe die Knete mit dem Stab in das Röhrchen.

5. Puste über das kleine Loch, indem du die Unterlippe an das Röhrchen legst und die Oberlippe darüber spitzt. Gleichzeitig ziehst du die Knetscheibe mit dem Stab aus dem Flötenhals und schiebst sie wieder hinein.

6. Finde heraus, wie sich die Tonhöhe verändert, wenn du den Griff langsam bewegst. Schaffst du es, mit der Schiebeflöte eine einfache Melodie zu spielen?

Was passiert?

Je tiefer du die Scheibe in das Röhrchen drückst, desto höher klingt die Flöte. Beim Herausziehen der Scheibe werden die Töne immer tiefer. Bewegst du die Scheibe schnell auf und ab, klingt es wie Sirenengeheul. Wenn du die Scheibe behutsam nach oben und unten schiebst, kannst du sogar Melodien spielen.

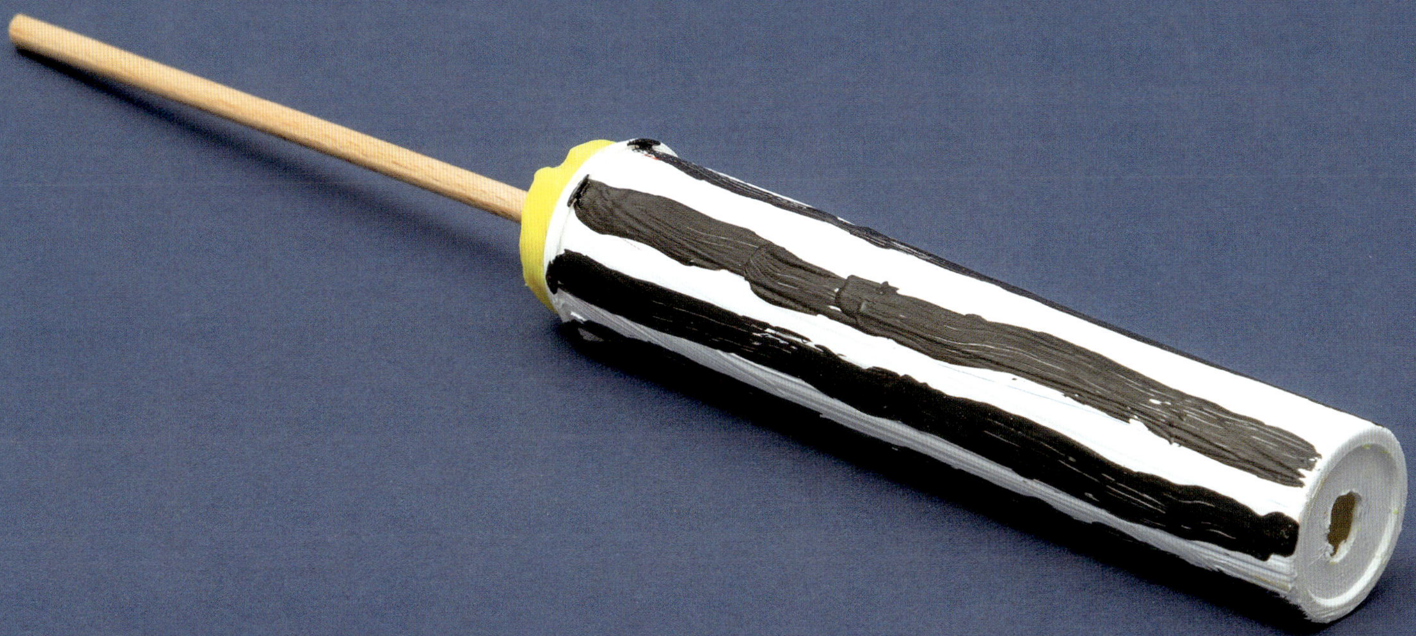

Kurz erklärt!

Die Töne entstehen durch das Schwingen der Luft in der Flöte. Deshalb bezeichnet man solche Blasinstrumente auch als **Aerofone** (Luftklinger). Schiebst du den Stab zum Mundstück hin, verkleinerst du mit der Knete den **Resonanzraum** und damit die Luftsäule in der Flöte. Die Größe des Resonanzraums bestimmt die Tonhöhe. Je kleiner der Resonanzraum ist, desto höher ist der entstehende Ton.

Wenn du den Stab herausziehst, werden der Resonanzraum und die Luftsäule größer, und die Töne klingen tiefer.

So entsteht Sirenengeheul
Die Heultöne von Warnsirenen entstehen wie bei der Schiebeflöte durch den schnellen Wechsel von gestauter und strömender Luft. Dadurch gerät die Luft so in Bewegung, dass das langgezogene, an- und abschwellende Sirenengeheul entsteht.

Blockflöte

Eine Blockflöte aus Naturholz sieht toll aus und hat einen warmen Klang. Aber wie muss die Luft durch das Mundstück strömen, damit die Flöte funktioniert? Mit dieser selbst geschnitzten Flöte findest du es heraus.

Was du brauchst:

- frischen Holunderast, mindestens 15 cm lang, etwa fingerdick und gerade gewachsen
- dünnen Zweig oder Holzstab
- Taschenmesser oder Schnitzmesser

Wie du es machst:

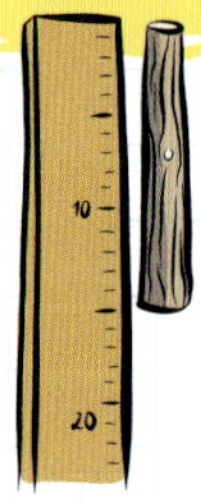

1. Schneide von dem Ast ein etwa 15 cm langes Stück ab. Lass dir dabei von einem Erwachsenen helfen.

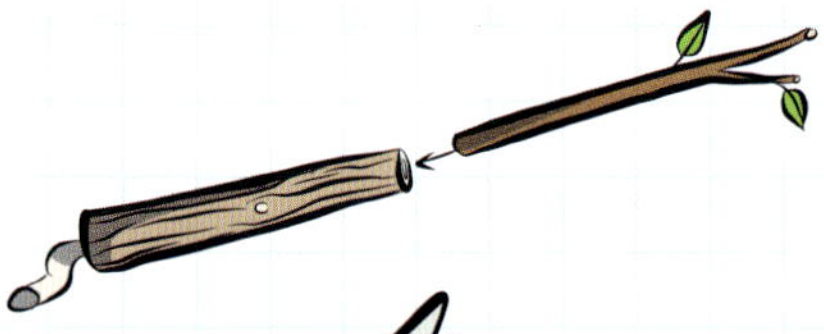

2. Bohre den dünnen Zweig oder Stab der Länge nach durch das Aststück. Dabei schiebst du das weiche Mark aus dem Inneren des Astes heraus.

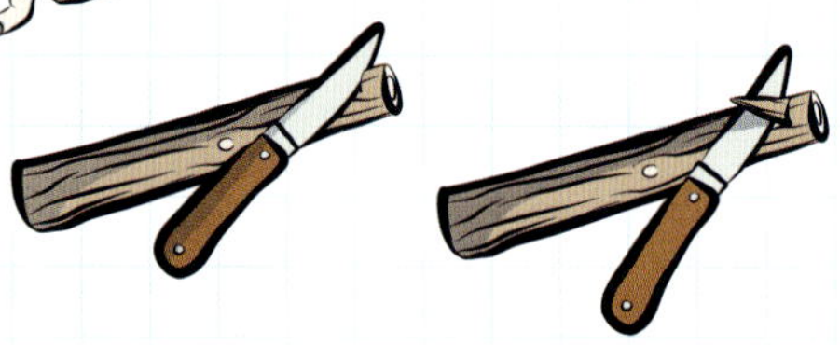

3. Ritze den Ast mit dem Messer etwa 2 cm vom Rand entfernt ein. Die Kerbe soll etwa 1 cm breit sein.

4. Gehe von hier aus 2 cm weiter und ritze eine weitere Kerbe ins Holz.

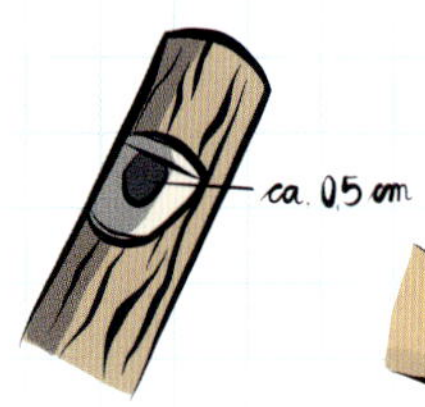

5. Schnitze von der zweiten Kerbe aus schräg in Richtung der ersten Kerbe, bis ein Loch zum inneren Hohlraum entsteht. Vergrößere dieses Loch auf eine Breite von etwa 0,5 cm.

6. Nimm ein etwa 2 cm langes Stück Mark von Schritt 2 und drücke es mit den Fingern auf einer Seite der Länge nach flach.

7. Schiebe das Mark auf der Seite mit dem geschnitzten Loch von oben in die Flöte, sodass die flachgedrückte Seite des Marks nach oben zeigt.

8. Puste kräftig in die Flöte. Finde heraus, wie du das Mark platzieren musst, um den besten Klang zu erzielen.

9. Wenn deine Flöte gut klingt, kannst du weitere Löcher in den Flötenhals schnitzen.

10. Spiele auf der Flöte, indem du hineinbläst und dabei mit den Fingern einzelne Löcher verschließt und wieder öffnest.

Was passiert?

Du erzeugst verschiedene Töne.

Kurz erklärt!

Wenn du in die Flöte bläst, bringst du die Luft in ihrem Inneren zum Schwingen. Deshalb zählt die Flöte zu den **Aerofonen**. Dabei dient das Mark in der oberen Flötenöffnung als Block. Wie bei allen Blockflöten hat es die Aufgabe, einen **Windkanal** zu bilden. Wenn du flötest, strömt die Luft durch diesen schmalen Kanal und erzeugt den Flötenklang.

Die Tonhöhe hängt davon ab, wie viele Löcher du mit den Fingern verschließt. Sind alle Löcher geschlossen, ist der Resonanzraum am größten. Dann kann in der Flöte eine große Luftsäule schwingen, und der Ton klingt tief. Je mehr Löcher offen sind, desto kleiner ist der Resonanzraum, und umso höher sind die Töne.

Panflöte

Was du brauchst:

- mindestens 8 Trinkhalme aus Pappe
- Schere
- Klebeband
- Knete

Aus Trinkhalmen und Klebeband kannst du ganz einfach eine Panflöte basteln. Wenn du über den Rand der offenen Röhren blast, versetzt du die Luft im Inneren in Schwingung. Schaffst du es, auf diesem Blasinstrument schöne Melodien zu spielen?

Wie du es machst:

1. Umwickle jeden Trinkhalm etwa 3 cm von einem Ende entfernt mit Klebeband, sodass diese Stelle etwas dicker ist als der restliche Halm.

2. Ordne die Halme nebeneinander auf einem Streifen Klebeband an, sodass die umwickelten Stellen auf dem Klebestreifen liegen.

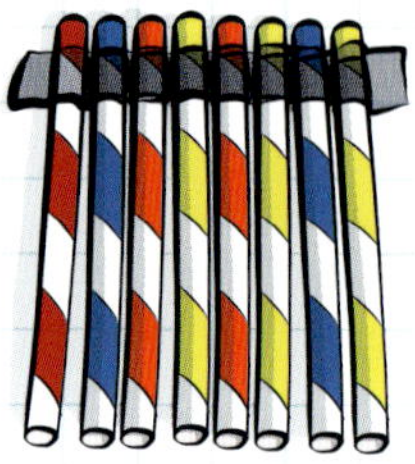

3. Schneide die Halme unten schräg ab, damit sie unterschiedliche Längen bekommen. Das klappt am besten, wenn sie etwas über die Tischkante ragen.

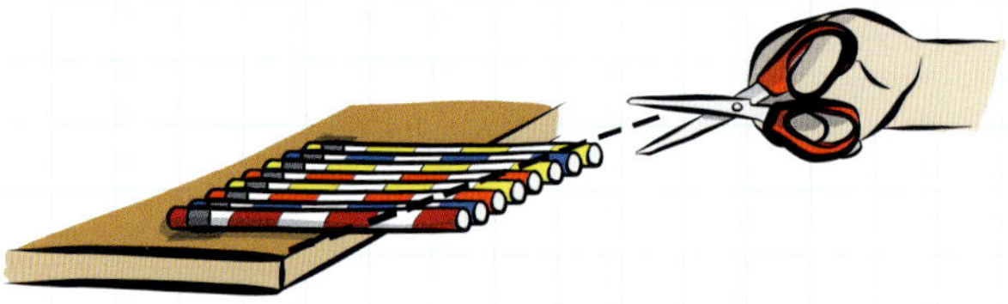

4. Wenn sich die Enden der Halme beim Abschneiden zusammengedrückt haben, bringst du sie vorsichtig mit den Fingern wieder in Form.

5. Wickle das Klebeband um die Halme.

6. Jetzt kannst du auf der Panflöte spielen, indem du über die oberen Enden der Halme pustest.

7. Wenn du tiefere Töne erzeugen möchtest, kannst du kleine Kugeln aus Knete unten in die Halme stecken.

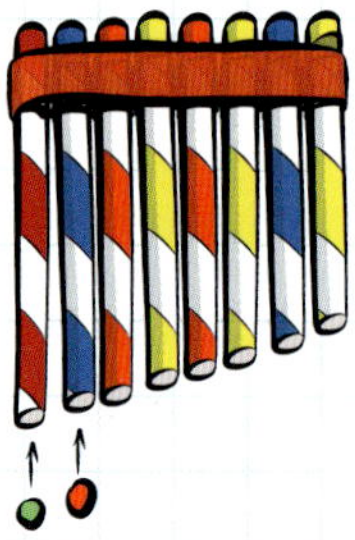

Was passiert?

Mit etwas Übung kannst du der Panflöte viele verschiedene Töne entlocken.

Kurz erklärt!

Auch die Panflöte gehört zu den **Aerofonen**. Wenn deine Atemluft über einen Trinkhalm streicht, versetzt sie die Luft im Halm in Schwingungen. Das klappt aber nur, wenn die Luft seitlich auf die Innenkante des Halms trifft. Deshalb ist es wichtig, dass du nicht direkt in den Halm pustest, sondern waagerecht darüber hinweg. Durch die Luftbewegung vom Rand des Halms nach unten entsteht der Ton. Je länger ein Halm ist, desto größer sind der **Resonanzraum** und die Luftsäule in seinem Inneren. Deshalb entsteht ein tiefer Ton. Je kürzer der Halm, desto kleiner der Resonanzraum. Deshalb werden die Töne mit abnehmender Halmlänge immer höher.

Mit den Knetkugeln sorgst du dafür, dass die Luft langsamer durch die Halme strömt. Dadurch klingen die Töne tiefer und voller. Du kannst die Wirkung der Knete auch erst einmal an einem einzelnen Halm ausprobieren.

Was du brauchst:

- kleine, leere Plastikflasche (0,5 l)
- Schere, Cuttermesser
- 1 DIN-A4-Bogen Tonpapier oder dünne Pappe
- Gummiring
- Trinkhalm aus Pappe
- Luftballon

Saxofon

Dieses Blasinstrument ist zwar einfach gebaut, hat aber den typischen Klang eines echten Saxofons. Der raue, warme Sound entsteht durch die Wechselwirkung zwischen Bewegungen der gespannten Luftballonhaut und der Luft im Instrument.

Wie du es machst:

1. Bitte einen Erwachsenen, die Flasche etwa in der Mitte quer durchzuschneiden. Für das Saxofon brauchst du nur die obere Hälfte ohne Deckel.

2. Nun stellt die erwachsene Person die obere Flaschenhälfte auf den Kopf und bohrt etwa 2 cm unter ihrer großen Öffnung ein Loch für den Trinkhalm hinein.

3. Rolle das Tonpapier oder die Pappe von einer kurzen Seite aus zu einer Röhre, die genau in die kleine Flaschenöffnung passt. Wickle den Gummiring mehrmals um die Röhre, damit sie ihre Form behält.

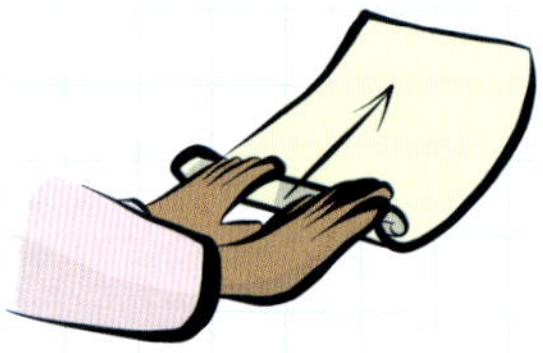

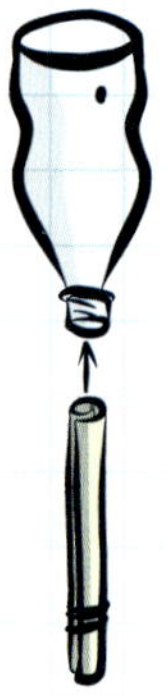

4. Schneide den oberen Teil des Luftballons ab und spanne ihn über die große Flaschenöffnung. Befestige die Ballonhaut rundherum mit dem Gummiring.

5. Falls die Flasche bei Schritt 4 Dellen bekommen hat, drückst du sie vorsichtig wieder in Form.

6. Schiebe die Röhre durch die kleine Flaschenöffnung, bis sie die Ballonhaut fast berührt.

7. Stecke den Trinkhalm durch das seitliche Loch. Richte ihn so aus, dass sein Ende in der Flasche zur Öffnung der Röhre zeigt.

8. Blase in den Trinkhalm.

Was passiert?

Ein rauer, tiefer Ton erklingt.

Kurz erklärt!

Die Luft aus dem Trinkhalm strömt zwischen die Ballonhaut und die Röhre. Die Luft bringt die bewegliche Haut (Membran) zum Schwingen, sodass Schallwellen entstehen. Sie dringen durch die Röhre und sind als Saxofonklang zu hören.

Schwingender Sound

Im Mundstück von echten Saxofonen sitzt ein Rohrblatt, das meist aus natürlichem Schilfrohr oder Bambus besteht. Deshalb zählt man das Saxofon im Gegensatz zu den Trompeten zu den **Holzblasinstrumenten**. Beim Spielen des Saxofons wird das Rohrblatt zum Schwingen gebracht. Diese Schwingung überträgt sich auf die Luft im Instrument und ist als Ton wahrnehmbar. Daher gehört das Saxofon zur Gruppe der **Aerofone**.

Mundharmonika

Hast du Lust auf echten Mundharmonika-Sound? Das Instrument ist schnell gebaut und passt in jede Hosentasche. Mit deinem Atem bringst du ein Gummiband zum Vibrieren, sodass Töne entstehen. Jetzt kann das nächste Lagerfeuer kommen!

Was du brauchst:

- 2 Eisstiele
- breites Gummiband
- Trinkhalm aus Pappe
- Schere
- 2 schmale Gummiringe

Wie du es machst:

1. Lege das breite Gummiband der Länge nach um einen der Eisstiele.

2. Schneide von dem Trinkhalm zwei je 3 cm lange Stücke ab.

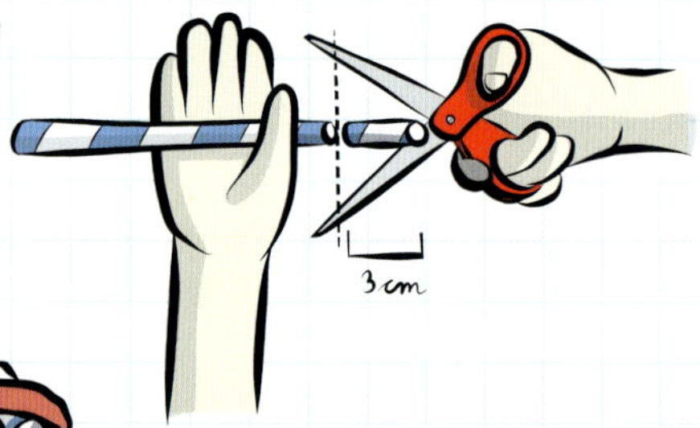

3. Schiebe die Halmstücke links und rechts unter das breite Gummiband.

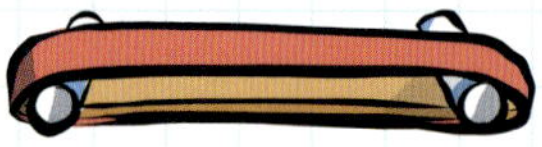

4. Lege den zweiten Eisstiel passgenau darauf und wickle die dünnen Gummibänder links und rechts von den Trinkhalmstücken um beide Holzteile.

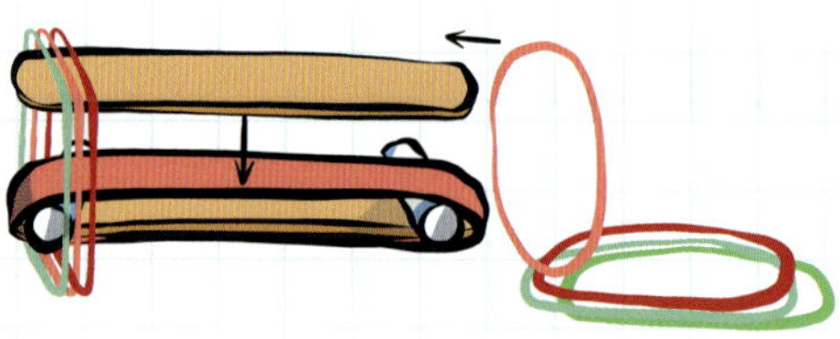

5. Halte die Harmonika waagerecht vor deine Lippen und blase hinein.

6. Schiebe die Halmstücke näher zusammen und spiele dann wieder auf der Harmonika.

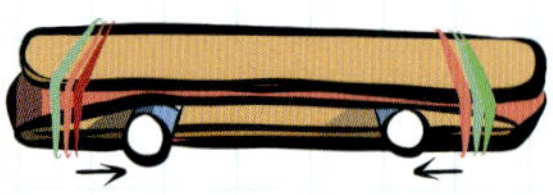

Was passiert?

Wenn Luft durch die Harmonika strömt, ertönt der typische Klang dieses Instruments. Schiebst du die Halme näher zueinander, wird der Ton höher.

Kurz erklärt!

Mit dem Luftstrom aus deinem Mund bewegst du das breite Gummiband. Dabei entstehen Schallwellen, die du als Töne hörst. Wenn du die Halmstücke von den Rändern in Richtung Mitte schiebst, kann das nun kürzere Gummiband schneller schwingen. Deshalb klingt die Harmonika höher, je näher die Halmstücke beieinanderliegen.

Bei gekauften Mundharmonikas werden kleine Metallplättchen (die Stimmzungen) in Schwingung versetzt. Auf diesen Instrumenten kannst du spielen, indem du sowohl beim Einatmen als auch beim Ausatmen den nötigen Luftzug erzeugst. Sie zählen daher zu den **Aerofonen**.

Kreischballon

Ein Luftballon, der schaurig kreischt – wo gibt es denn so was? Natürlich hier im Soundlabor! Das Geräusch entsteht durch Schwingungen der beweglichen Ballonhaut.

Was du brauchst:

- Luftballon
- kleine Schraubenmutter

Wie du es machst:

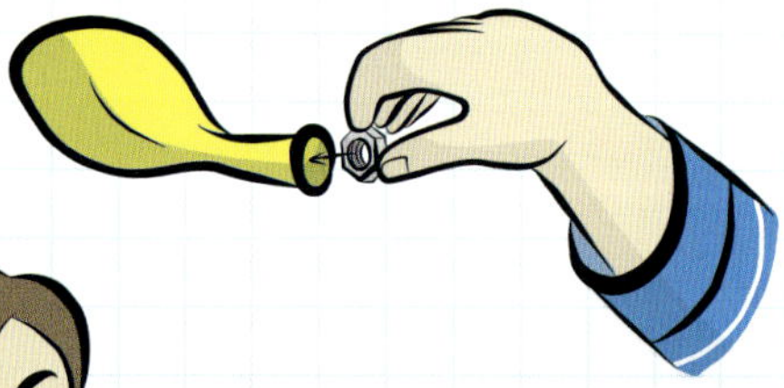

1. Schiebe die Schraubenmutter durch die Öffnung in den Ballon.

2. Blase den Luftballon auf und knote ihn zu.

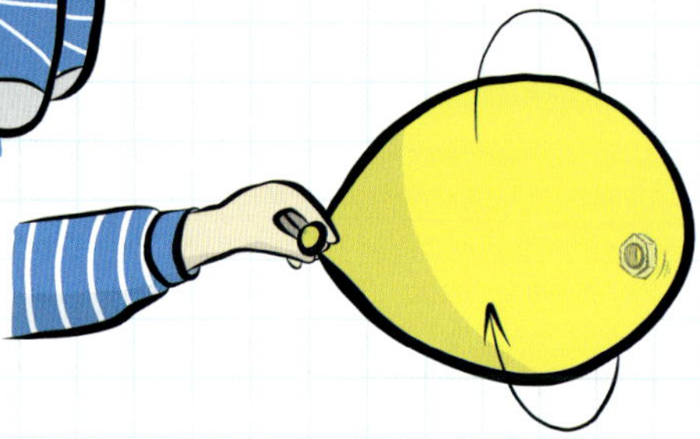

3. Halte den Ballon waagerecht und schwenke ihn kreisförmig durch die Luft.

4. Was hörst du, wenn du den Ballon schneller oder langsamer kreisen lässt?

Was passiert?

Ein lautes Kreischen dringt aus dem Ballon. Je schneller der Ballon herumwirbelt, desto höher wird das Geräusch.

Kurz erklärt!

Wenn du den Ballon im Kreis bewegst, wird die Mutter gegen die Ballonwand gedrückt. Dafür sorgt die **Fliehkraft**, die man auch Zentrifugalkraft nennt. Diese Kraft zieht Gegenstände, die um einen Mittelpunkt kreisen, wie die Sitze eines Kettenkarussells nach außen. Das Kreisen der Schraubenmutter erzeugt Geräusche, indem es die Ballonhaut (Membran) in schnelle Schwingung versetzt.

Vom Hören zum Fühlen

Manche Geräusche wie lautes Kreischen lassen uns fast das Blut in den Adern gefrieren. Das ist gut so, denn sie können uns vor Gefahren warnen. So lässt uns z. B. das Hupen eines Autos oder das Bellen eines Hundes oft schon zur Seite springen, bevor wir genau wissen, was los ist.

Geräusche können aber auch angenehm klingen, z. B. das Plätschern eines Bachs. Besonders stark wirkt sich Musik auf unsere Stimmung aus. Wenn du wummernde Bässe hörst, bekommst du plötzlich Lust, dich zu bewegen, zu klatschen, zu tanzen und mitzusingen. Umgekehrt kann auch traurige Musik ansteckend wirken. Was wir hören, ist also eng mit unseren Gefühlen verbunden.

Pupskissen

Mit diesem selbst gemachten Pupskissen kannst du ahnungslosen Mitmenschen kleine Streiche spielen. Natürlich streng im Dienst der Wissenschaft, denn du erforschst dabei, wie Pupsgeräusche entstehen. Wie ein Pups klingt, hängt von der einwirkenden Energie ab.

Was du brauchst:

- Küchenschwamm
- Schere
- Folienstift
- Trichter
- großen Luftballon
- Eisstiel oder dicke Pappe
- glattes Klebeband

Wie du es machst:

1. Schneide den Küchenschwamm in kleine Stücke.

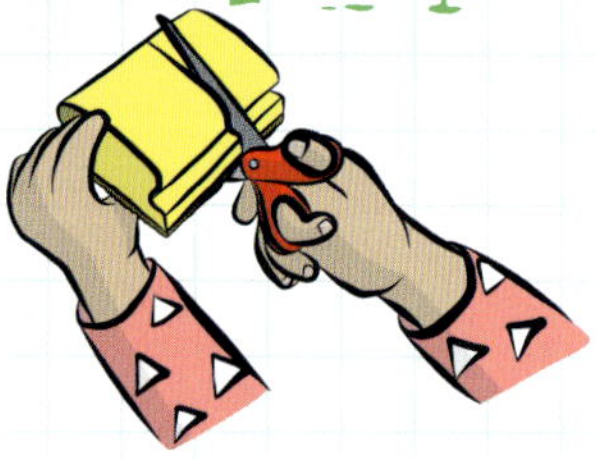

2. Stecke den Trichter in den Luftballonhals.

3. Stopfe die Schwammstücke durch den Trichterhals in den Ballon. Dabei kannst du mit dem Stift nachhelfen. Pass aber auf, dass du die Ballonhaut nicht verletzt.

4. Male ein Gesicht auf das Kissen.

5. Für das Ventil kürzt du den Eisstiel etwa auf die Länge des Ballonhalses oder schneidest dir ein Stück Pappe zurecht. Das Ventil soll etwas länger und breiter sein als der Ballonhals.

6. Runde die Ecken des Ventils mit der Schere ab.

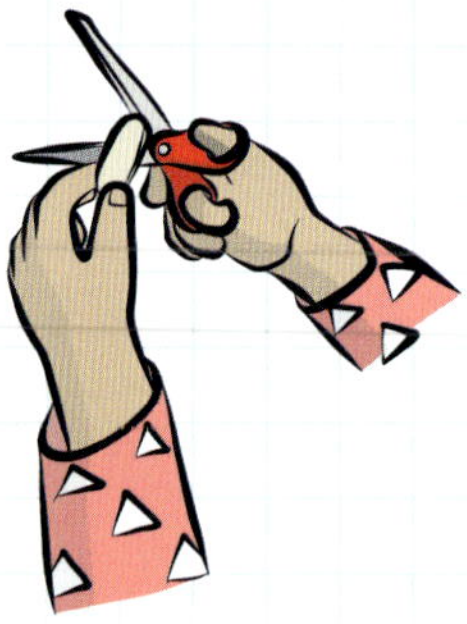

7. Umwickle das Ventil mit Klebeband, damit die Luft gut daran vorbeiströmen kann.

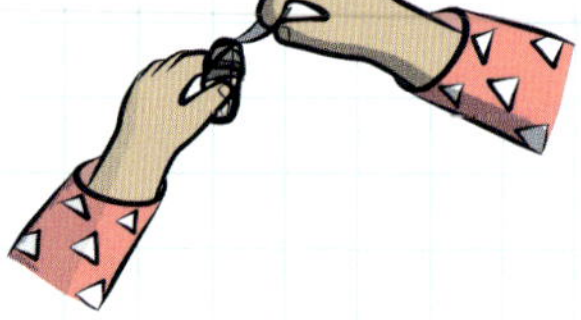

8. Stecke das Ventil in den Ballonhals, sodass ein Ende etwas herausragt.

9. Jetzt musst du nur noch Luft in das Pupskissen pusten – schon ist es bereit für den ersten Einsatz. Danach kannst du es immer wieder benutzen, indem du es neu aufbläst.

Was passiert?

Wenn sich jemand auf das Kissen setzt, gibt es Pupsgeräusche von sich.

Kurz erklärt!

Die Schwammstückchen nehmen die Luft auf, die du in den Ballon pustest. Das Ventil verschließt den Ballon gerade so dicht, dass die Luft nicht entweicht. Setzt sich aber jemand auf das Kissen, steigt der **Luftdruck** im Ballon, und die aufgestaute Luft wird herausgepresst. Dabei versetzt sie die elastische Ballonhaut in Schwingung. So entstehen Schallwellen, die wir als typische Pupsgeräusche hören.

Wie echte Pupse können die Geräusche deines Pupskissens ganz unterschiedlich klingen. Ihre Lautstärke, Höhe und Dauer werden unter anderem von der Geschwindigkeit beeinflusst, mit der die Luft entweicht. Lässt sich jemand langsam auf dem Kissen nieder, strömt die Luft mit einem langgezogenen, hohen Ton heraus. Lässt man sich dagegen ruckartig darauf plumpsen, ist ein kurzer, tiefer Ton zu hören. Auch die Luftmenge und die Größe des Ventils spielen dabei eine Rolle. Je nach den einwirkenden Kräften ist also jeder Pups einzigartig.

Was du brauchst:

- festes, glattes Stück Plastik, z. B. leere Hülle einer Großpackung Filzstifte
- Lineal
- Schere, Cuttermesser
- Klebeband
- Korken
- Stopfnadel
- 2 Schnüre, 20 cm und 50 cm lang
- etwa 5 cm breiten und 20 cm langen Plastikstreifen, z. B. von Tüte
- Wasser- oder Acrylfarben
- Pinsel
- Zeitungspapier als Unterlage

Flattervogel

Durch Bewegungen kannst du krasse Geräusche erzeugen. Kaum zu glauben, wie dieser bunte Vogel beim Fliegen schwirrt, piepst und flattert! Wie viele Geräusche kommt auch das Piepsen durch einen Luftzug zustande, der auf eine bestimmte Art in einen Hohlraum gelenkt wird.

Wie du es machst:

1. Schneide von dem festen Plastik ein etwa 12 x 7 cm großes Stück ab.

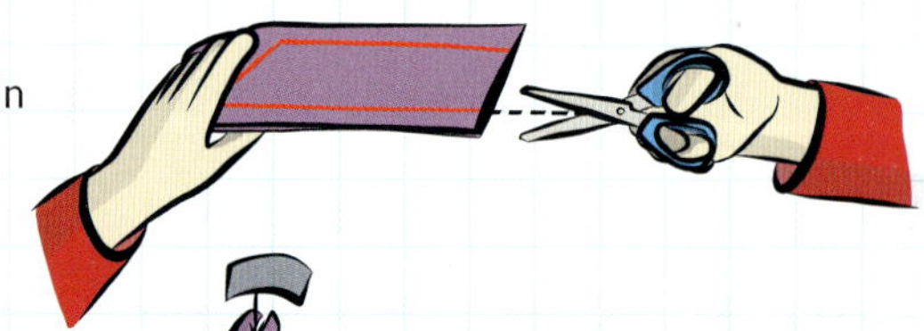

2. Rolle das Plastik längs zu einer Röhre, in die der Korken gerade noch hineinpasst. Klebe die Röhre an beiden Enden zusammen, sodass dazwischen ein schmaler, etwa 8 cm langer Schlitz offenbleibt.

3. Bitte einen Erwachsenen, zwei etwa 0,5 cm dicke Scheiben von dem Korken abzuschneiden.

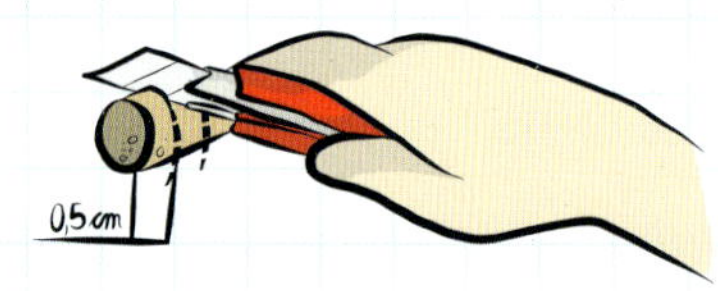

4. Ziehe mit der Stopfnadel ein 50 cm langes Stück Schnur durch die Mitte einer Korkscheibe. Dafür brauchst du etwas Kraft. Lass dir dabei am besten von einem Erwachsenen helfen. Mache einen dicken Knoten in das Schnurende, sodass die Schnur nicht wieder herausrutschen kann.

5. Nimm ein etwa 20 cm langes Stück Schnur und knote es fest um ein Ende des dünnen Plastikstreifens. Dann fädelst du die Schnur mithilfe der Nadel durch die zweite Korkscheibe und sicherst sie anschließend mit einem dicken Knoten.

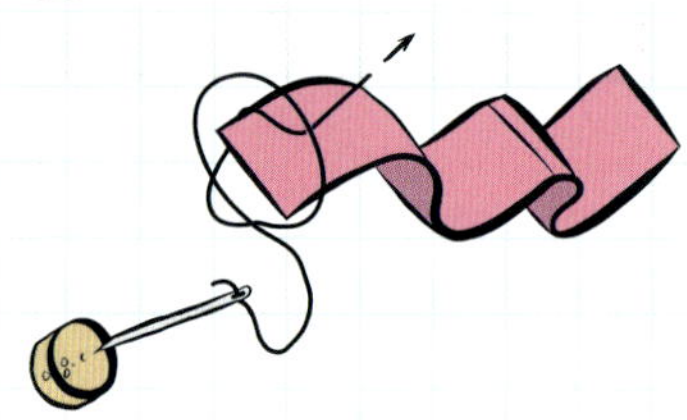

6. Klebe die beiden Korkscheiben in die Enden der Plastikröhre. Von der ersten Korkscheibe hängt das lange Schnurende nach außen, von der zweiten der Plastikschwanz.

7. Während der Kleber trocknet, kannst du deinen Flattervogel bunt anmalen.

8. Jetzt geht's los: Suche dir einen Ort mit viel Platz, nimm das Ende der Schnur in die Hand und schleudere den Flattervogel über deinem Kopf kräftig im Kreis herum.

Was passiert?

Der Vogel piepst und zwitschert, während er durch die Luft flattert.

Kurz erklärt!

Beim Herumschleudern strömt Luft durch den Spalt in die Röhre und wieder heraus. Diese Luftbewegung hörst du als Schwirren und Piepsen. Die Töne entstehen, weil die Luft ähnlich wie bei einer Pfeife schnell über die Kanten in den Hohlraum strömt und dort Wirbel bildet. Je schneller die Luft strömt, desto höher werden die Töne. Dazu kommt das Flattern des Plastikschwanzes, der durch die Luft wild in alle Richtungen bewegt wird.

Heulender Riffelschlauch

Mit einem geriffelten Schlauch von einem alten Staubsauger oder aus dem Baumarkt kannst du laute Heulgeräusche erzeugen. Wenn du ihn herumschleuderst, bewegt sich die Luft wegen der Rillen so durch den Schlauch, dass Geräusche entstehen. Diese Töne werden umso höher, je schneller du den Schlauch schwingst.

Schnurrkatze

Die Schnurrkatze, auch Ziehkreisel genannt, ist ein altes Spielzeug. Lass sie schnurren wie einen echten Stubentiger und erforsche, wie sich das Geräusch durch unterschiedliche Bewegungen verändern kann.

Was du brauchst:

- dicke Pappe
- Schere
- 50 cm lange Wollschnur
- Wasserfarben
- Pinsel
- Zeitungspapier als Unterlage
- Filzstifte

Wie du es machst:

1. Schneide aus der Pappe einen Kreis mit etwa 10 cm Durchmesser aus.

2. Bohre mit der Schere links und rechts von der Kreismitte je ein Loch in die Scheibe.

3. Male beide Seiten der Scheibe mit Wasserfarben an.

4. Nach dem Trocknen malst du mit Filzstift ein Katzengesicht auf jede Seite.

5. Fädele die Schnur durch die Löcher und knote die Enden zusammen.

6. Schiebe die Scheibe in die Mitte der Schnur und schwinge sie im Kreis herum, bis sich die Schnur links und rechts eng eingedreht hat.

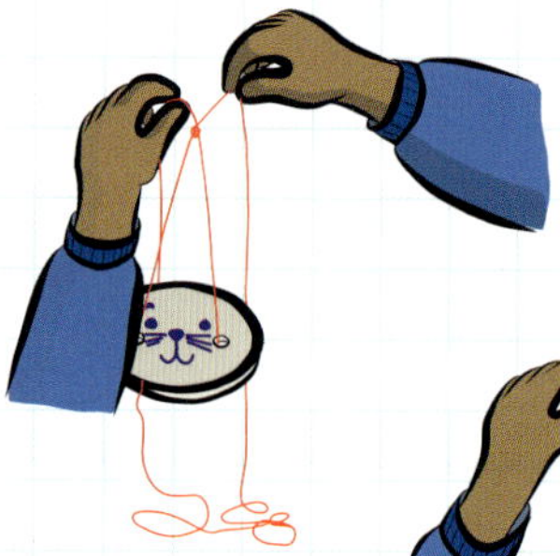

7. Nimm die Schnurschlinge an den Enden und ziehe sie mit beiden Händen kräftig auseinander.

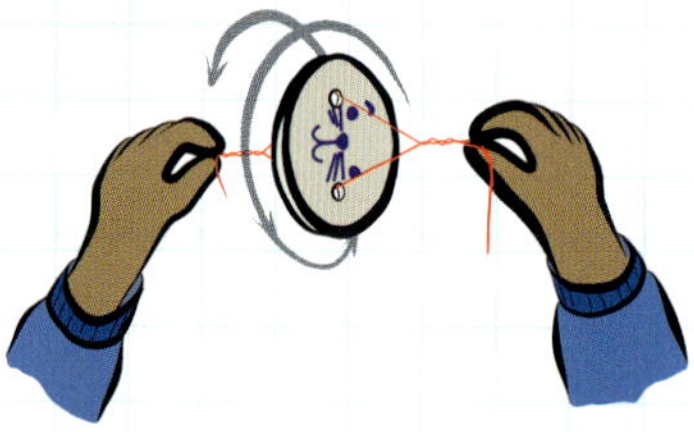

8. Spürst du, wann sich die Schnur wie ein elastisches Band wieder leicht zusammenzieht? Folge dieser Bewegung, indem du deine Hände aufeinander zubewegst.

9. Sobald die Spannung nachlässt, ziehst du die Schnur wieder auseinander und straffst sie. So kannst du die Scheibe durch einen ständigen Wechsel zwischen Straffen und Lockern der Schnur dauerhaft in Bewegung halten. Am Anfang ist das nicht ganz einfach, aber sobald du den Dreh raushast, wirbelt die Scheibe wie von selbst herum!

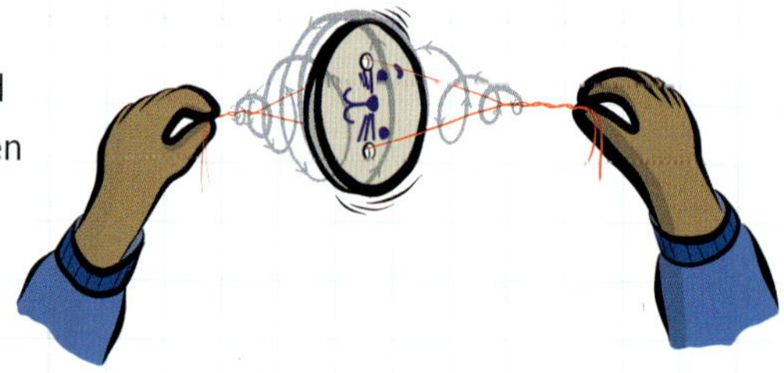

? Was passiert?

Die Scheibe wirbelt blitzschnell herum, während sich die Schnur ausdreht. Dabei hörst du ein schnurrendes Geräusch. Nach dem Abwickeln der Schnur dreht sich die Scheibe weiter und wickelt die Schnur in die entgegengesetzte Richtung auf. Das klappt aber nur, wenn du dem leichten Zug der Schnur zur Scheibe hin mit deinen Händen folgst. Denn durch das Aufwickeln verkürzt sich die Schnur, während sie im straffen und unverzwirbelten Zustand länger ist.

Ziehst du die Schnur immer im richtigen Moment wieder auseinander, treibt das die Scheibe erneut an, und du hörst ein Dauerschnurren. Wenn du genau hinschaust, kannst du auch sehen, wie die Scheibe auf der Schnur leicht hin und her wandert und sich dabei abwechselnd in die eine und in die andere Richtung dreht. Mit der Bewegung der Scheibe wird auch das surrende Geräusch mal lauter und mal leiser – wie bei einer echten Katze eben!

Kurz erklärt!

Beim Aufwickeln überträgst du Energie auf die Schnur. Wenn du die Schlinge straffst, verwandelt sich diese potenzielle Energie in Bewegungsenergie. Die Schnur dreht sich aus und wirbelt dabei die Scheibe herum. Diese wiederholte, regelmäßige Drehung bezeichnet man als **Oszillation**. Das schnurrende Geräusch entsteht durch die gleichmäßige, schnelle Bewegung der Luft. Der ständige Wechsel zwischen Straffen und Lockern der Schnur sorgt dafür, dass die **Rotation** der Scheibe nicht aufhört. So kannst du die Katze immer weiter schnurren lassen – einfach genial!

Was surrt denn da?

Das Geräusch deiner Schnurrkatze klingt angenehm, aber es gibt auch kleine Tierchen, die uns mit ihren Geräuschen ziemlich auf die Nerven gehen können. Beispielsweise Mücken, wenn sie mit schnellen Bewegungen ihrer winzigen Flügel die Luft zum Schwingen bringen. Dabei entsteht ein hohes Surren, das die meisten Menschen als sehr unangenehm empfinden.

Tierischer Becher

Mit dieser coolen Soundmaschine kannst du verschiedene Tierstimmen nachahmen. Wenn du ein glattes Band durch ein Loch in einem Becher ziehst, sorgt das Wechselspiel aus Bewegung und Reibung für verschiedene Geräusche. Schaffst du es, deinem Becher das langgezogene „Iah“ eines Esels, das Gackern eines Huhns oder das „Kikeriki“ eines Hahns zu entlocken?

Was du brauchst:

- Pappbecher
- Büroklammer
- dünnes Band aus Plastik, z. B. Streifen von einer Verpackung oder Geschenkband, etwa 50 cm lang
- Wasser- oder Acrylfarben
- Pinsel
- Zeitungspapier als Unterlage
- feuchten Lappen

Wie du es machst:

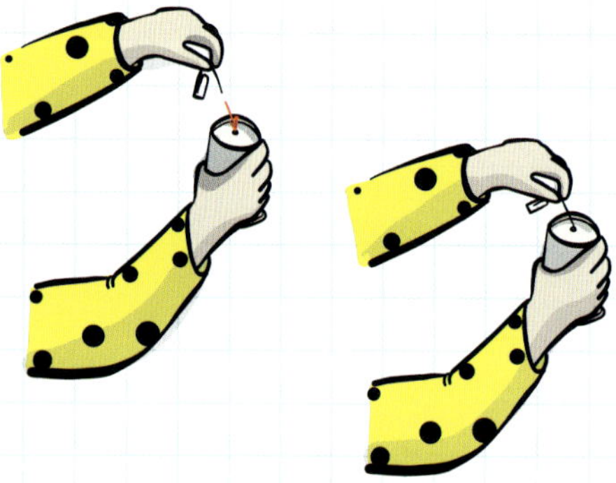

1. Biege die Büroklammer auf und bohre mit ihr ein Loch in die Mitte des Becherbodens.

2. Bewege die Klammer ein bisschen und vergrößere damit das Loch, bis du das Band gut durchfädeln kannst.

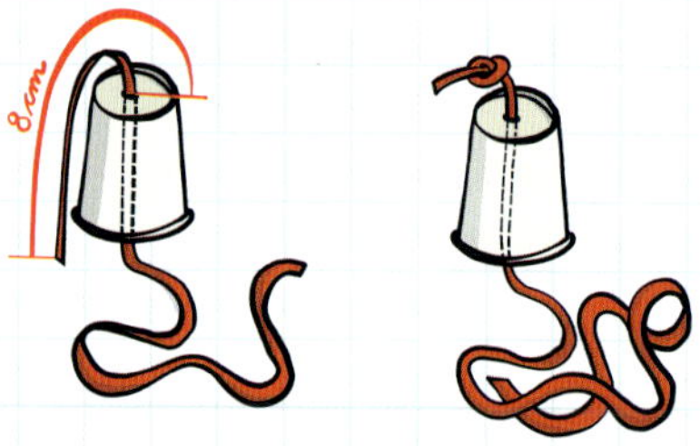

3. Lege die Büroklammer weg und fädele das Band durch das Loch im Becherboden, bis nur noch ca. 8 Zentimeter herausstehen. Mache außen einen Knoten in das Band, damit es nicht komplett durch das Loch rutschen kann.

4. Male den Becher bunt an und lass die Farben gut trocknen.

5. Nimm den Becher mit der Öffnung nach unten in eine Hand und den feuchten Lappen in die andere.

6. Ziehe den Lappen mit leichtem Druck am Band nach unten. Probiere aus, welche Geräusche entstehen, wenn du den Lappen schnell oder langsam, in einem Schwung oder in kleinen Rucken nach unten ziehst.

Was passiert?

Je nach Art deiner Bewegung hörst das Krähen eines Hahns, den Ruf eines Esels oder, wenn du in kleinen Rucken ziehst, das Gackern eines Huhns.

Kurz erklärt!

Die Bewegung zwischen dem Plastikband und dem feuchten Lappen kommt immer wieder ins Stocken, weil die **Reibung** den Lappen für einen winzigen Augenblick am Band festhält. Die Kraft, mit der du den Lappen bewegst, zieht ihn wieder weiter – bis er erneut für den Bruchteil einer Sekunde haften bleibt. Durch diesen Wechsel zwischen Gleiten und Haften entstehen Schwingungen, die wir als Quietschen, Krähen oder Gackern wahrnehmen. Der Becher verstärkt das Geräusch, da er ein **Resonanzkörper** ist.

Quietschen im Alltag

Auch andere Quietschgeräusche entstehen, weil es irgendwo hakt: Bei quietschenden Türen stottert der Türstift in der Angel. Die quietschende Kreide stockt an der rauen Tafel, und Turnschuhe quietschen durch den schnellen Wechsel zwischen Haften und Gleiten auf glattem Boden.

Du kannst auch ohne Hilfsmittel selbst mit deinen Lippen quietschen. Dafür presst du die Lippen fest aufeinander und drückst durch den geschlossenen Mund Luft heraus, sodass durch die Vibration ein Geräusch entsteht. Auch viele Tiere wie z. B. Mäuse und Meerschweinchen können quiekende Geräusche erzeugen.

Glossar

Aerofon: Musikinstrument, bei dem durch eine schwingende Luftsäule Töne entstehen, wie z. B. bei Flöte und Saxofon

Blasinstrument: Aerofon, in dem eine Luftsäule durch Atemluft zum Schwingen gebracht wird

Chordofon: Musikinstrument, bei dem Töne durch schwingende Saiten erzeugt werden, wie z. B. bei Harfe und Gitarre

Dezibel (dB): Maßeinheit für die Lautstärke

Frequenz: Anzahl der Schwingungen pro Sekunde, die in Hertz gemessen wird. Je höher die Frequenz, desto höher der Ton

Hertz (Hz): Maßeinheit für die Frequenz von Schall und damit für die Tonhöhe. Ein Hertz entspricht einer Schwingung pro Sekunde.

Idiofon: Musikinstrument, bei dem Töne durch den Klangkörper selbst erzeugt werden, wie z. B. bei Rassel und Kastagnette

Lautstärke: umgangssprachliche Bezeichnung für die Stärke oder die wahrgenommene Stärke von Schall

Luftklinger: siehe Aerofon

Membran: dünne Schicht, die zum Schwingen angeregt werden kann

Membranofon: Musikinstrument, bei dem Töne durch Schwingen einer Membran erzeugt werden, wie z. B. bei Trommel und Pauke

Moleküle: winzige Bestandteile von Feststoffen, Flüssigkeiten und Gasen

Reflexion: Vorgang, bei dem Schall- oder Lichtwellen von einer Oberfläche zurückgeworfen werden

Resonanzkörper: Hohlkörper, der Schwingungen und damit Geräusche verstärken kann

Saiteninstrument: siehe Chordofon

Schallgeschwindigkeit: vom umgebenden Material und der Temperatur beeinflusste Geschwindigkeit, mit der sich Schall ausbreitet

Schallwellen: sich ausbreitende Schwingungen von kleinen Teilchen, die wir als Geräusche hören und die durch Gase, Feststoffe und Flüssigkeiten dringen können

Schlaginstrument: Idiofon oder Membranofon, das durch Schlagen oder Schütteln in Schwingung versetzt wird und dadurch Töne erzeugt

Selbstklinger: siehe Idiofon

Tonhöhe: wahrnehmbare Frequenz eines Tons, die in der Maßeinheit Hertz gemessen wird

Register

Die Autorin und die Illustratorin

Carola von Kessel liebt nicht nur die Geräusche der Natur, sondern auch klassische Musik und Punkrock. Bei ihr zu Hause darf es auch mal laut werden, ohne dass sich die Nachbarn beschweren. Denn die Autorin lebt mit ihrer Familie und vielen Tieren auf einem alten Hof am Niederrhein.

Lucie Göpfert ist Illustratorin. Sie zeichnet am liebsten für Kinder, zum Beispiel Rätsel oder Erklärbücher. So erfährt Lucie immer wieder Dinge, über die sie vorher gar nicht so genau Bescheid wusste. Lucie liebt es außerdem, lustige Figuren zu erfinden und Anleitungen für verrückte Experimente zu zeichnen. Meistens probiert sie die Experimente beim Zeichnen schonmal aus und schaut gleich, ob sie alles versteht, was sie selbst gezeichnet hat.